Eiterer · Leistungsgerechte Vergütung für Verkaufsteams

Josef H. Eiterer

Leistungsgerechte Vergütung für Verkaufsteams

Mehr Motivation und Schlagkraft für Ihre Verkaufsmannschaft

GABLER

Die Deutsche Bibliothek - CIP-Einheitsaufnahme

Eiterer, Josef H.:
Leistungsgerechte Vergütung für Verkaufsteams : mehr Motivation
und Schlagkraft für Ihre Verkaufsmannschaft / Josef H. Eiterer. -
Wiesbaden : Gabler, 1997

Der Gabler Verlag ist ein Unternehmen der Bertelsmann Fachinformation.

© Betriebswirtschaftlicher Verlag Dr. Th. Gabler GmbH, Wiesbaden 1997
Softcover reprint of the hardcover 1st edition 1997
Lektorat: Manuela Eckstein

Das Werk einschließlich aller seiner Teile ist urheberrechtlich geschützt. Jede Verwertung außerhalb der engen Grenzen des Urheberrechtsgesetzes ist ohne Zustimmung des Verlages unzulässig und strafbar. Das gilt insbesondere für Vervielfältigungen, Übersetzungen, Mikroverfilmungen und die Einspeicherung und Verarbeitung in elektronischen Systemen.

Höchste inhaltliche und technische Qualität unserer Produkte ist unser Ziel. Bei der Produktion und Verbreitung unserer Bücher wollen wir die Umwelt schonen: Dieses Buch ist auf säurefreiem und chlorarm gebleichtem Papier gedruckt. Die Einschweißfolie besteht aus Polyäthylen und damit aus organischen Grundstoffen, die weder bei der Herstellung noch bei der Verbrennung Schadstoffe freisetzen.

Die Wiedergabe von Gebrauchsnamen, Handelsnamen, Warenbezeichnungen usw. in diesem Werk berechtigt auch ohne besondere Kennzeichnung nicht zu der Annahme, daß solche Namen im Sinne der Warenzeichen- und Markenschutz-Gesetzgebung als frei zu betrachten wären und daher von jedermann benutzt werden dürften.

Umschlaggestaltung: Schrimpf und Partner, Wiesbaden

ISBN-13: 978-3-322-82820-0   e-ISBN-13: 978-3-322-82819-4
DOI: 10.1007/978-3-322-82819-4

Vorwort

Was hat es mit den vielgerühmten Verkaufsteams auf sich? Sind die eine reine Modeerscheinung oder etwa eine **effiziente Organisationsform** zur erfolgreichen Bewältigung gegenwärtiger und künftiger Herausforderungen?

Aus meiner über zwei Jahrzehnte langen Berufserfahrung in der Industrie und Beratung bin ich überzeugt, daß echte Verkaufsteams ein wirksamer Schlüssel sind zur

- Steigerung der Wettbewerbsfähigkeit,

- Erhöhung der Kundenorientierung,

- Anpassung an veränderte Marktsituationen,

- Erhöhung der Effizienz und Produktivität,

- Überwindung von Wachstumsschwellen,

- Verbesserung der Mitarbeiterzufriedenheit und der Unternehmenskultur.

Möglicherweise sagen Sie jetzt, diese Ziele erreichen wir heute auch mit unseren Verkaufsgruppen. Was könnte durch die Bildung von Verkaufsteams anders werden? Oder geht es gar nur um ein anderes Etikett?

Mit Sicherheit nicht! Die Qualitäts- und Leistungsunterschiede zwischen Verkaufsgruppen und echten Teams sind sehr groß. Ich werde Ihnen in diesem Buch aufzeigen, warum dies so ist. Und Sie werden erfahren, wie Sie die Schlagkraft Ihrer Verkaufsmannschaft wesentlich erhöhen, indem Sie ein Klima schaffen, das allen Freude bereitet und dazu motiviert, das Beste zu geben.

Im ersten Teil des Buches wird detailliert dargestellt, warum Teams im Verkauf erfolgreicher und leistungsfähiger sind als funktionsorientierte Organisationsformen. Ausgehend von den zukünftigen Marktanforderungen wird die Kundenorientierung als Geschäftsprinzip und strategischer Erfolgsfaktor im Verkauf erläutert, und die organisatorischen Rahmenbedingungen zur Realisation dieser Verkaufsphilosophie werden aufgezeigt.

Im nächsten Schritt werden die variablen Vergütungssysteme für Verkaufsteams entwickelt und deren Vor- und Nachteile in der Praxis dargestellt. Da jedes Entlohnungssystem ein firmenspezifisches Individuum ist, orientiert sich die Bewertung der Vergütungssysteme an den Zielsetzungen und unternehmensinternen Gegebenheiten. Auf diese wird besonders eingegangen, denn sie sind ausschlaggebend für die erfolgreiche Realisierung der organisatorischen Neuorientierung und für die Akzeptanz leistungsorientierter Entlohnungssysteme im Verkauf.

Der ausschlaggebende Impuls, dieses Buch zu schreiben, kommt aus meiner langjährigen Beratungspraxis. Bei Beratungsgesprächen habe ich immer wieder die Erfahrung gemacht, daß aufgeschlossene, veränderungswillige Vertriebs- und Unternehmensleiter Hilfestellungen suchen, um Verkaufsteams aufzubauen und in die bestehende Organisation einzugliedern. Ebenso wichtig war immer auch die Frage: Wie kann die Leistung des Verkaufsteams ertragsorientiert entlohnt werden? Da es gegenwärtig keine Literatur gibt, die sowohl die Bildung von Teams als auch die leistungsorientierte Team-Entlohnung in der Kombination behandelt, habe ich mich entschlossen, diese Lücke zu schließen.

Dieses Buch basiert auf meinen praktischen Beratungserfahrungen und wurde für die Entscheidungsträger der Industrie- und Dienstleistungsbranche geschrieben. Es soll Führungskräften in Marketing, Verkauf, Organisation und Personalwesen ein Impulsgeber und Leitfaden für die Entscheidung zur Neuorganisation der Verkaufsorganisation und für die Einführung variabler, leistungsorientierter Vergütungssysteme sein. Der Schwerpunkt liegt auf der praxisnahen und umsetzungsorientierten Darstellung der Thematik.

Mein Dank gilt speziell den Verkaufs- und Unternehmensleitern, die mir in Beratungsgesprächen viele Anregungen gegeben haben.

Viel Freude beim Lesen der Lektüre und bei der Neuausrichtung Ihrer Verkaufsorganisation wünscht Ihnen

Josef H. Eiterer

Inhalt

Vorwort		5
1.	**Die Herausforderungen des Marktes kreativ bewältigen**	11
2.	**Organisatorische Wachstumsschwellen erfolgreich meistern**	29
	– Leistungspotentiale im Vertrieb rechtzeitig erkennen	29
	– Die Verkaufsorganisation durch Teambildung stärken	38
	– Verkaufsteams zum Erfolg führen	58
3.	**Leistungsorientierte Entlohnung von Verkaufsteams**	69
	– Führungsphilosophie und Team-Entlohnung	69
	– Teamarbeit bewerten und entlohnen	72
	– Anforderungen an die Team-Entlohnung	79
	– Das System der Team-Entlohnung	83
	– Formen der Basisentlohnung	85
	Festgehalt	85
	Provisionssysteme	88
	– Die variable Team-Entlohnung	101

Bestimmung der Bemessungsgrundlage	102
Vor- und Nachteile der umsatz- und ertragsorientierten Bemessungskriterien	112
Provision oder Prämie	118
Vergütungsmodelle	122
Lineare und progressive Verprovisionierungsmodelle	122
Differenzierte Verprovisonierungsmodelle	124
Sockel-Provisionssysteme	127
Prämiensysteme	128
Kombination von Provision und Prämie	138
Auszahlung der variablen Team-Entlohnung	141
– Immaterielle Leistungsanreize	146
– Die Einführung der variablen Team-Entlohnung	149
4. Ausblick	153
Literaturverzeichnis	155
Stichwortverzeichnis	158
Der Autor	163

1. Die Herausforderungen des Marktes kreativ bewältigen

Wir leben in einer Zeit der Veränderung!

Das ist eigentlich nichts Neues, nur die gegenwärtige Situation ist nicht mehr vergleichbar mit der Entwicklung in der Vergangenheit. Heute stehen wir vor großen Marktveränderungen, die wir nicht mehr mit Rezepten von gestern bewältigen können. Notwendig sind neue Spielregeln und Methoden, um die marktorientierten Herausforderungen erfolgreich zu meistern.

Sie kennen die wesentlichen Mega-Trends im Investitions- und Gebrauchsgütermarkt:

- überwiegend reife, gesättigte Märkte; rund drei Viertel aller Branchen in Westeuropa, USA und Japan wachsen stückzahlenmäßig kaum noch;

- zunehmende Liberalisierung der Märkte;

- Globalisierung und Internationalisierung der Märkte sowohl in der Produktion wie auch im Vertrieb der Produkte;

- stark steigende Wettbewerbsintensität in allen Branchen mit der Folge sinkender Renditen;

- schneller technologischer Wandel, was den Unternehmen hohe und effektive Innovationsgeschwindigkeit abfordert;

- ständige Verbreiterung des Produktangebotes auf hohem Qualitätsniveau, was aus Sicht der Abnehmer zu einer Austauschbarkeit der Produkte und Lieferanten führt;

- Veränderung der Marktkonstellationen; Abkehr von den Massenmärkten und Hinwendung zu kleineren Marktsegmenten bis zum Einzelkunden mit der Konsequenz, für jeden Kunden bzw. jede Kundengruppe spezielle Marketingstrategien entwickeln zu müssen;

- Wandel in der Wertvorstellung gegenüber der Gesellschaft, Umwelt und Wirtschaft;

- stark steigende Erwartungen der Kunden hinsichtlich Qualität, Preis und Serviceleistungen. Die Kunden haben heute viele Alternativen, was dazu führt, daß das Produkt allein nicht mehr ausschlaggebend für die Kaufentscheidung ist, sondern vielmehr der erhoffte Nutzen des Produktes bzw. der Dienstleistungen aus der Sicht des jeweiligen Kunden.

Die erfolgreiche Bewältigung dieser Herausforderungen erfordert ein neues Marketingdenken und -handeln, denn heute und zukünftig haben wir es mit gut informierten Industrie- und Privatkunden zu tun, die wissen, was sie wollen, die klare Nutzenvorstellungen vom Produkt- und Dienstleistungsangebot haben, die bereit sind, dafür den marktüblichen Preis zu bezahlen, und die auch wissen, wie sie ihre persönlichen Vorstellungen und Wünsche realisieren können.

Der mündige Kunde weiß die Leistung eines Unternehmens zu schätzen und wird aus der Vielzahl der Anbieter jene auswählen, die ihm helfen, seine persönlichen Zielvorstellungen zu verwirklichen. Unternehmen, die diese kundenorientierte Philosophie nicht täglich neu leben und dem Kunden auch beweisen, werden in der Zukunft verstärkt Probleme bekommen.

Natürlich hat diese Denkweise auch hohe Konsequenzen für die Gestaltung der Vertriebsorganisation, denn der Vertrieb ist die Brücke zwischen Unternehmensstrategie und Kunden. Er repräsentiert die Philosophie und Kultur des Unternehmens am Markt.

Auf den ersten Blick mag Ihnen dieses vielleicht trivial erscheinen. Aber in meiner Beratungspraxis erlebe ich sehr häufig, daß der Vertrieb vorwiegend noch auf die Bearbeitung und Verwaltung der Kundenanforderungen ausgerichtet ist. Dieses reicht heute nicht mehr aus - auch wenn der Umsatz noch befriedigend verläuft. Die erfolgreiche Bewältigung der marktorientierten Herausforderungen erfordert mehr

> **Agieren statt Reagieren**

und setzt somit eine rechtzeitige Beschäftigung mit den anstehenden Problemen voraus.

In vielen Unternehmen ist festzustellen, daß der Grund für den mangelnden Vertriebserfolg nicht im Können, sondern im Wollen liegt.

Wollen bedeutet dabei überdurchschnittliche Anstrengungen in der konsequenten, engagierten und kreativen Suche nach neuen Wegen.

Gleichzeitig muß jedoch auch ein positives Leistungsklima im Unternehmen geschaffen werden, damit jeder Mitarbeiter Freude empfindet und die Befriedigung der Kundenwünsche begeistert erfüllt. Die Folge daraus ist eine vernetzte, teamorientierte Vertriebsorganisation, in der die Marketingleistung nicht mehr einzelnen Personen übertragen und gutgeschrieben wird, sondern dem gesamten Verkaufsteam, getreu dem Sprichwort:

> „Hinter einem fähigen Menschen stehen noch mehr fähige Menschen."

Erfolgreiche Verkaufsteams arbeiten effizienter als Einzelpersonen und Arbeitsgruppen, da

- die personelle Zusammensetzung darauf ausgerichtet ist, daß sich die Teammitglieder in ihren Fähigkeiten, Erfahrungen und in ihrem Know-how gegenseitig ergänzen und unterstützen;
- alle Teammitglieder sich stark für die Erreichung der gemeinsam gesetzten Ziele und Arbeitseinsätze engagieren und bereit sind, wechselseitige Verantwortung für die gemeinsame Zielerreichung zu übernehmen;
- Herausforderungen und Hindernisse gemeinsam durch offene Kommunikation, Vertrauen und soziale Akzeptanz überwunden und gemeistert werden;

- hohe Arbeitsdisziplin verbunden mit einem hohen Maß an Selbstorganisation herrscht;

- Freude am Erreichen gemeinsamer Arbeitsergebnisse unter Berücksichtigung der persönlichen Leistungsfähigkeit gegeben ist.

Die Optimierung von Know-how und Arbeitseinsatz sowie das gegenseitige Miteinander und die offene Kommunikation bewirken, daß Teams schneller und zielgerichteter ihre Arbeitsweise auf Veränderungen und neue Herausforderungen anpassen als „Einzelkämpfer". Dieser Effekt führt zu hoher Arbeitszufriedenheit, Motivation und Leistungsfähigkeit im Team, den Einzelpersonen oder Arbeitsgruppen nicht erreichen können, da sie alleine im Organisationsgefüge des Unternehmens zu stark gefangen und abhängig sind.

Meiner Erfahrung nach wird häufig verkannt, daß es sich hierbei nicht um eine normale Anpassung der Vertriebsorganisation handelt, sondern um eine radikale strukturelle Neuorientierung. Unternehmen, die diesen Weg bereits erfolgreich gegangen sind, wissen, daß dem neuen Konzept ein völlig neues Organisationsmodell zugrunde liegt, das weggeht von der klassischen arbeitsteiligen, hierarchiebezogenen Arbeitsorganisation und hinführt zu selbständigen Gruppen, die sich über Ziele, Kommunikation und Kooperation selbst steuern.

Die Bewältigung der zukünftigen, marktorientierten Herausforderungen verlangt

– die Formulierung einer kreativen Marketingstrategie,

– den Aufbau effizienter, leistungsfähiger und -williger Verkaufsteams,

– das Schaffen einer Unternehmenskultur, die Mitarbeiter motiviert und dem Kunden Freude bereitet, mit dem Unternehmen zusammenzuarbeiten.

Nur die Kombination aller drei Faktoren sichert langfristig die Wettbewerbsfähigkeit eines Unternehmens.

Strategisches Dreieck

Die **Marketingstrategie** gestaltet die Beziehungen zwischen Unternehmen und Markt. Ziel und Aufgabe der strategischen Marketingplanung ist die Beantwortung folgender zentraler unternehmerischen Kernfragen:

- Wie attraktiv sind heute und zukünftig die angestammten Produktteilmärkte für das Unternehmen?
- Wo liegen Diversifikationschancen?
- Wo liegen die ertragsreichen Geschäftsfelder des Unternehmens?
- Wo und in welchem Ausmaß soll nachhaltig investiert werden? Das „Wo" bedeutet dabei:
    - In welche Produkte?
    - In welche Kundengruppen?
    - In welche Absatzmärkte?
    - In welche Marketingfunktionen und -instrumente?
- Wie können dauerhafte Wettbewerbsvorteile errungen werden?
- Wie können sowohl Kundennutzen als auch Kundenbindung erhöht werden?
- Welche Marketingziele und -strategien sichern den langfristigen Erfolg des Unternehmens?
- Welche Marktposition kann das Unternehmen in Zukunft erreichen?

○ Wie ist die Vertriebswegepolitik künftig zu gestalten?

○ Welche Produkt- und Servicepolitik sichert langfristig die Existenz des Unternehmens?

○ Welche Preispolitik ist in Zukunft zu fahren?

○ Wie sind Auftritt und Werbung des Unternehmens zu gestalten?

○ Welche Vertriebsorganisation verstärkt die Marketingstrategie?

Die Beantwortung dieser Grundsatzfragen erfordert eine systematische und ganzheitliche Vorgehensweise, die sowohl den Markt als auch die Stärken und Schwächen des Unternehmens in seinen Geschäftseinheiten berücksichtigt. Nur so ist es möglich, die Marktchancen mit den Erfolgspotentialen des Unternehmens kreativ zu verbinden und die Wettbewerbsfähigkeit des Unternehmens langfristig zu stärken.

Die **Gestaltung der Vertriebsorganisation** sichert die Umsetzung der Marketingstrategie. Häufig zeigt sich, daß die Marketingstrategie eines Unternehmens richtig angesetzt ist, aber in der Praxis nicht konsequent realisiert wird, weil die Vertriebsorganisation nicht gezielt auf die Strategierealisation ausgerichtet wird.

Die **Vertriebsorganisation muß als Mittel und Verstärker der Marketingstrategie verstanden werden**. Gerade in wettbewerbsintensiven Käufermärkten kommt es darauf an, die Ressourcen des Vertriebs effizient und präzise den Marktanforderungen anzupassen.

So können wir nicht von **Qualität** sprechen, wenn sie nicht gehalten und für den Kunden täglich sichtbar wird. Konkret kann sich dieses ausdrücken in der

- Erreichbarkeit der Gesprächspartner für den Kunden,
- Beratung,
- Angebotserstellung,
- Auftragsabwicklung,
- Serviceleistung etc.

Wir können nicht von **Schnelligkeit** und **Flexibilität** sprechen, wenn die Liegezeiten in der Anfrage- und Auftragsbearbeitung aus Sicht der Kunden zu lange sind. In der Praxis bedeutet dieses konkrete Zielvorgaben und Einhaltung für

- die Anfragebearbeitung,
- die Auftragsabwicklung,
- den Versand,
- Rückrufe und Information an den Kunden etc.

Wir können nicht von **Innovationsfreudigkeit** sprechen, wenn die Entwicklungszeiten für den Kunden viel zu lange dauern oder nicht die gewünschten Ergebnisse bringen.

Wir können nicht von **Kundenorientierung** sprechen, wenn wir nicht gelernt haben,

- so zu denken, wie der Kunde denkt;
- mit dem Kunden über seine Ziele, Projekte und Probleme zu sprechen;
- die Aufgabenstellung des Kunden ganzheitlich zu lösen. Dieses erfordert die systematische Erarbeitung der Problemstellungen gemeinsam mit dem Kunden und führt zum Verkauf einer kundenspezifischen Problemlösung. Somit steht nicht mehr das Produkt im Vordergrund, sondern das gesamte Leistungspaket, das für den Kunden den Nutzen darstellt;
- den Kunden rundum zu betreuen, damit dieser merkt, daß wir uns ehrlich um die Lösung seiner Probleme bemühen;
- dem Kunden einen höheren Service bieten, als er erwartet oder wir versprochen haben;
- den Kunden über die Zufriedenheit zu unserem „Verbündeten" zu machen und ihn langfristig an das Unternehmen binden, weil beide Partner aus der Zusammenarbeit einen Vorteil haben.

Die Erfüllung dieser veränderten Kundenanforderungen hat gravierende Auswirkungen auf die Gestaltung einer zukunftsorientierten

Vertriebsorganisation. Mit der klassischen funktionalen Arbeitsgliederung im Verkauf sind die marktorientierten Herausforderungen

- Kundennähe,
- Reaktionsschnelligkeit,
- Flexibilität,
- Innovationsführerschaft,
- Internationalisierung,
- Wirtschaftlichkeit,
- Mitarbeitermotivation

in der Regel nicht mehr optimal zu bewältigen. Es gilt, ein neues Optimum der Arbeitsteilung im Verkauf zu finden.

Viele Unternehmen haben damit jedoch ihre Probleme. Einerseits nimmt im Verkauf der Komplexitätsgrad der Aufgaben und Anforderungen im Kundenmanagement zu, andererseits führt eine weitere Arbeitsteilung, die aus zahlreichen Gründen ohne weiteres sinnvoll und richtig erscheinen mag, zu

- mehr Schnittstellen,
- höherem Abstimmungsaufwand,
- geringerer Flexibilität,
- einem Verlust an Schnelligkeit,
- erhöhten Personal- und Organisationskosten,

- geringer Kundenorientierung,
- sinkender Mitarbeitermotivation.

Somit verfehlt die sachorientierte Arbeitsgliederung ihr produktivitätssteigendes Ziel und führt nicht zu der gewünschten Steigerung der Kundenorientierung, Kundenbindung und Mitarbeitermotivation.

Die erfolgreiche Bewältigung der zukünftigen Herausforderungen erfordert die Teambildung im Verkauf. Zielsetzung dabei ist, alle verkaufsorientierten Prozesse für eine Kunden- oder Produktgruppe auf eine ausgewählte Anzahl von Mitarbeitern im Team zu übertragen, die als Einheit selbständig verantwortlich ist für die ganzheitliche Bearbeitung der Kundenwünsche und den Markterfolg. Nur so gelingt es,

- die Kundenanforderungen individuell, schnell und flexibel zu erfüllen,
- flache Organisationsstrukturen mit hoher Realisations- und Entscheidungsschnelligkeit zu schaffen,
- die Dienstleistung am Kunden zu erhöhen, denn eine arbeitsteilige Organisation konzentriert sich in der Regel zu stark auf ihre abgegrenzten Aufgabengebiete und übersieht dabei das Kundeninteresse als Ganzes,

- die Wirtschaftlichkeit und Effizienz der Verkaufsorganisation zu verbessern,

- die Motivation, Einsatzbereitschaft und das Leistungspotential der Mitarbeiter optimal zu nutzen.

Echte Teamarbeit im Verkauf steigert die Wettbewerbsfähigkeit und Marktposition jedes Unternehmens.

Die **Unternehmenskultur** ist die Seele eines Unternehmens, denn über die Normen, Wertvorstellungen und Verhaltensweisen wird das „Wir-Gefühl" im Unternehmen festgelegt.

Die Ausprägung der Unternehmenskultur ist von entscheidender Bedeutung für die Etablierung und Arbeitsweise von Verkaufsteams. Echte Teams können sich nur bilden, wenn

- die Rahmenziele im Verkauf gemeinsam zwischen Geschäftsleitung und Verkaufsteams vereinbart werden und die Teams innerhalb der Zielvereinbarungen selbst ihre Teilziele formulieren können;

- Informationen zur Planung, Steuerung und Kontrolle ausreichend und aussagefähig vorhanden sind;

- Konflikte als Chancen für Neuerungen gesehen werden;

- Fehler gemacht werden dürfen;

- Kontrolle als Selbstkontrolle verstanden, organisiert und durchgeführt wird;

- sich die Führungskräfte als „Veränderungsmanager" verstehen;

- die Mitarbeiterführung durch menschlichen Respekt, Toleranz und Partnerschaft geprägt ist;

- das Unternehmen sich durch Kreativität, Flexibilität und Anpassungsfähigkeit auszeichnet;

- die Mitarbeiter sich voll mit dem Unternehmen und dessen Zielen identifizieren;

Die Unternehmenskultur wird somit zur zentralen Klammer für die Realisierung der Unternehmensstrategie und für die Neuorientierung der Verkaufsorganisation.

Die kreative Bewältigung der marktorientierten Herausforderungen erfordert ein neues, ausschließlich auf den Kunden abgestimmtes Denken und Handeln. Die Teambildung im Verkauf wird dabei zum Motor der Wettbewerbsverbesserung und Erfolgssteigerung.

Da der Handlungsbedarf bekannt ist, versuchen viele Unternehmen, ihre Vertriebsstrukturen zu optimieren. Die Zielrichtung dabei konzentriert sich jedoch auf organisatorische Struktur- und Prozeßveränderungen. An den Vergütungsformen will keiner rütteln!

Obwohl der Trend zu Gruppenarbeit unverkennbar ist, läßt sich der Einsatz von Team-Entlohnungssystemen statistisch kaum nachweisen. Vielleicht liegt es daran, daß vielen Managern Team-Entlohnungsmodelle wegen der damit verbundenen Zeitbelastung für die Vorbereitung, Durchführung, Auswertung, Steuerung, Pflege und Darstellung zu kompliziert und arbeitsaufwendig erscheinen. Manchmal scheint es jedoch, als seien viele der Meinung, Team-Entlohnungsmodelle könnten nicht funktionieren, da sie nur die kollektive Leistung honorierten und sich diese nach Einführung der Team-Entlohnung auf einem geringeren Niveau einpendeln werde als die heutige Indidividualleistung.

Dies ist ein großer Irrtum! Es ist nie das Team-Entlohnungssystem, das negative Auswirkungen hervorruft, sondern immer nur die falsche Anwendung des Systems.

Ein häufiger Fehler besteht darin, daß die Maßkriterien für die Leistung und der damit verbundenen Entlohnungsanreize ausschließlich auf quantitative und rein finanzielle Aspekte abgestellt sind. Zu wenig beachtet werden die qualitativen Faktoren für die Zufriedenheit der Kunden und Mitarbeiter.

So darf sich ein Unternehmen, das die Zahl von Transaktionen (Telefonanrufe, Anzahl Angebote, Verkauf von Zusatzleistungen, Umsatz nach Produktgruppen usw.,) als ausschließliche Maßkriterien der Leistungsbewertung einführt, nicht wundern, wenn sich die Vertriebsmitarbeiter darauf konzentrieren, die vorgegebenen Zielzahlen zu erreichen, um so gute Bewertungen und ein höheres Einkommen zu erreichen, anstatt darauf zu achten, daß die Kunden mit dem Ergebnis ihrer Arbeit optimal zufrieden sind. Wenn Kundenorientierung, -zufriedenheit und Wiederholungskäufer strategische Erfolgsfaktoren des Unternehmens sind, dann muß das Team-Entlohnungssystem diese qualitativen Faktoren in der Leistungsbewertung mit berücksichtigen. Nur wenn die „Soft-Facts der Kundenorientierung" in das Entlohnungssystem integriert werden, kann mittelfristig Schaden vom Unternehmen abgewendet werden.

Des weiteren berücksichtigen Team-Entlohnungsmodelle in der Regel nicht die Ziele, Wünsche und Motive der Mitarbeiter. Auch diese qualitativen „Soft-Facts" müssen beachtet werden, denn für viele Mitarbeiter ist Geld zwar wichtig, aber nicht der ausschließliche Motivationsfaktor. Viele legen heute besonders Wert auf

- hohe Arbeitsplatzsicherheit,

- die Möglichkeit, Neues zu lernen,

- die Anerkennung von Kollegen und Vorgesetzten,

- eine interessante Tätigkeit,

- selbständiges Arbeiten,

- gute Aufstiegsmöglichkeiten,

- den Kontakt mit anderen Menschen,

- flexible Arbeitszeiten usw.

Team-Entlohnungssysteme müssen somit monetäre und nicht-monetäre Elemente beinhalten. Nur so gelingt es, die strategischen Ziele des Unternehmens mit den Kunden- und Mitarbeiterzielen in Einklang zu bringen und zu einem neuen Optimum zu führen.

Kundenorientierung nach innen und außen muß täglich neu gelebt werden! Obwohl viel geschrieben wird, erscheint mir, daß viele Manager diese Diskussion zwar vehement führen, jedoch in der Praxis die notwendigen Veränderungen nicht einleiten. Das Fehlen einer konsequenten Strategie zur Neuorientierung des kundenorientierten Verhaltens und Auftritts des Unternehmens ist der entscheidende Bremsklotz für die erfolgreiche Bewältigung der zukünftigen Herausforderungen des Marktes.

Die Mentalität und Kultur im Vertriebsmanagement muß sich ändern! Die Etablierung von Verkaufsteams und die quantitative Leistungsmessung und -entlohnung allein führt noch zu keiner dauerhaften Verbesserung der Unternehmenssituation. Notwendig ist ein konsequenter Veränderungsprozeß, in dem die Unternehmensführung die Kundenorientierung vorlebt und sie als integrierter Bestandteil der Marketingstrategie von allen Beteiligten verstanden und umgesetzt wird.

2. Organisatorische Wachstumsschwellen erfolgreich meistern

Leistungspotentiale im Vertrieb rechtzeitig erkennen

Unternehmen, die bisher gute Gewinne erwirtschaftet haben, stoßen heute oft an Wachstumsgrenzen. Die in der Vergangenheit aufgebauten Stärken – sehr häufig technisch und produktorientiert ausgerichtet – bewirken nur noch wenig im Markt. In der arbeitsteiligen Zusammenarbeit zwischen den Abteilungen und Mitarbeitern ergeben sich Reibungsverluste. Die organisatorischen Schnittstellen behindern die Effizienz, Flexibilität und Schnelligkeit und führen dazu, daß die Potentiale bei bestehenden und neuen Kunden zuwenig ausgeschöpft werden. Obwohl solche Unternehmen immer noch Umsatzsteigerungen erwirtschaften und Gewinne erzielen, gelingt es – bei genauer Betrachtung – immer weniger, die Wachstumspotentiale und Marktchancen auszuschöpfen. Die zukünftigen Probleme sind damit vorprogrammiert, obwohl heute erst schwache Signale diese Entwicklung anzeigen.

Höchste Zeit, um die quantitativen und qualitativen Anforderungen des Marktes in Übereinstimmung zu bringen und volle Deckung mit den Eigenschaften und Möglichkeiten des Unternehmens zu erlangen. Dazu sind neue Spielregeln notwendig, denn die Erfahrungen und Rezepte aus der Vergangenheit führen lediglich zu einer kurzfristigen Verbesserung und Lösung von Detailproblemen, nicht jedoch zu einer nachhaltigen Verbesserung der Wettbewerbsposition und zur langfristigen Erfolgssicherung des Unternehmens.

In dieser Situation spielt der Vertrieb eine entscheidende Rolle. Sicherlich keine neue Erkenntnis. Aber prüfen Sie selbst anhand der nachfolgenden Checkliste einmal kritisch, ob Ihre Vertriebsorganisation die individuellen Kundenbedürfnisse tatsächlich kennt, daraus Strategien entwickelt und diese in ihrer Kundenbearbeitung täglich konsequent umsetzt oder ob Ihr Vertrieb aufgrund der zeitlichen Überlastung, qualitativen Überforderung und absicherungsorientierten Arbeitsweise eher zum „Verwalter" der Kundenanforderungen geworden ist.

Die nachfolgende Checkliste zur Bewertung der Stärken und Schwächen Ihrer Vertriebsorganisation konzentriert sich auf die Kernfragen der strategischen und kundenorientierten Vertriebsarbeit sowie der internen und externen Information und Kommunikation.

Bitte bewerten Sie die anschließend gestellten Fragen ehrlich und offen, indem Sie das für Sie zutreffende Beurteilungskriterium ankreuzen. Am Ende addieren Sie alle Punkte Ihrer Selbsteinschätzung. Die Interpretation Ihres Ergebnisses erfahren Sie im Anschluß an die Fragenbearbeitung.

Kundenorientierung im Vertrieb

lfd. Nr.	Frage	Beurteilungskriterien					Punktwert der eigenen Beurteilung
		trifft voll zu	trifft zu	trifft teilweise zu	trifft wenig zu	trifft überhaupt nicht zu	
1.	Sind die Grundsätze Ihrer Marketing- und Vertriebsstrategie hinsichtlich Zielmärkte, Produktschwerpunkte, Vertriebspolitik, Kundenmanagement, Servicepolitik schriftlich definiert und allen Mitarbeitern im Außen- und Innendienst bekannt?	❶	❷	❸	❹	❺	
2.	Wird Ihre Strategie von allen Mitarbeitern im Vertrieb voll akzeptiert und über ein Maßnahmenpaket konsequent realisiert?	❶	❷	❸	❹	❺	
3.	Werden die Mitarbeiter bei der jährlichen, rollierenden Fortschreibung Ihrer Marketing- und Vertriebsstrategie einbezogen, und haben sie ein aktives Mitgestaltungsrecht?	❶	❷	❸	❹	❺	
4.	Kann jeder Mitarbeiter im Innen- und Außendienst die Frage „Warum soll der Kunde bei uns kaufen?" präzise und kundenorientiert beantworten werden?	❶	❷	❸	❹	❺	

Kundenorientierung im Vertrieb (Fortsetzung)

lfd. Nr.	Frage	Beurteilungskriterien					Punktwert der eigenen Beurteilung
		trifft voll zu	trifft zu	trifft teilweise zu	trifft wenig zu	trifft überhaupt nicht zu	
5.	Gibt es in Ihrem Unternehmen eine systematische Wettbewerbsanalyse, und leiten Sie daraus Verkaufsargumente und Positionierungsmerkmale ab? Werden diese im praktischen Verkaufsalltag angewendet?	❶	❷	❸	❹	❺	
6.	Kennen alle Ihre Mitarbeiter im Innen- und Außendienst die kaufentscheidenden Faktoren, und richten sie ihre Vertriebsaktivität danach aus?	❶	❷	❸	❹	❺	
7.	Der Kunde kauft kein Produkt oder eine Dienstleistung, sondern nur den subjektiven Nutzen, den er sich davon erwartet. Arbeitet Ihr Vertrieb ausschließlich nach dieser Devise, oder herrscht bei genauer Betrachtung doch noch der produktorientierte Verkauf vor?	❶	❷	❸	❹	❺	
8.	Haben Sie Ihre Kunden nach ABC-Kriterien klassifiziert und daraus Kundenbearbeitungsprioritäten abgeleitet?	❶	❷	❸	❹	❺	

Kundenorientierung im Vertrieb (Fortsetzung)

lfd. Nr.	Frage	Beurteilungskriterien					Punktwert der eigenen Beurteilung
		trifft voll zu	trifft zu	trifft teilweise zu	trifft wenig zu	trifft überhaupt nicht zu	
9.	Gibt es systematische Neukundengewinnungsprogramme in Ihrem Unternehmen?	❶	❷	❸	❹	❺	
10.	Haben Sie den Innen- und Außendienst bereits zu einem schlagkräftigen Team zusammengeführt, das gemeinsam die Verkaufsziele festlegt und für den Markterfolg (Umsatz und Ertrag) auch gemeinsam honoriert wird?	❶	❷	❸	❹	❺	
11.	Ist der Innendienst aktiv in die Betreuung und Bearbeitung der Kunden eingeschaltet mit der Zielsetzung, den Außendienst für die Neukundenakquisition und die Betreuung von Key-Account freizumachen?	❶	❷	❸	❹	❺	
12.	Verfügen die Vertriebsmitarbeiter in den Preisverhandlungen über ausreichende Kompetenzen gegenüber den Kunden	❶	❷	❸	❹	❺	

Kundenorientierung im Vertrieb (Fortsetzung)

lfd. Nr.	Frage	Beurteilungskriterien					Punktwert der eigenen Beurteilung
		trifft voll zu	trifft zu	trifft teilweise zu	trifft wenig zu	trifft überhaupt nicht zu	
13.	Trägt der Innendienst die volle Verantwortung für eine reibungslose Koordination und Erledigung aller kundenbezogenen Anforderungen in der Angebots- und Auftragsabwicklungsphase?	❶	❷	❸	❹	❺	
14.	Verfügen die Innendienstmitarbeiter über eine ausreichende Qualifizierung in der Kundenbearbeitung und -betreuung, oder sind sie noch auf dem Stand des Auftragssachbearbeiters?	❶	❷	❸	❹	❺	
15.	Ist der Innendienst voll in die Kommunikation mit dem Aussendienst integriert, und unterstützt er auch aktiv den Außendienst mit Informationen?	❶	❷	❸	❹	❺	
16.	Werden die Innendienstmitarbeiter am Verkaufserfolg über eine leistungsgerechte Entlohnung beteiligt?	❶	❷	❸	❹	❺	

Kundenorientierung im Vertrieb (Fortsetzung)

lfd. Nr.	Frage	Beurteilungskriterien					Punktwert der eigenen Beurteilung
		trifft voll zu	trifft zu	trifft teilweise zu	trifft wenig zu	trifft überhaupt nicht zu	
17.	Umfaßt das Entlohnungssystem im Verkauf mehrere Komponenten (also nicht nur den Umsatz), und können die Mitarbeiter diese Leistungskriterien auch maßgeblich beeinflussen, um ihr Einkommen zu steigern?	❶	❷	❸	❹	❺	
18.	Bietet der Anteil der variablen Bezüge der Innen- und Aussendienstmitarbeiter am Gesamteinkommen noch genügend materiellen Anreiz für Leistungssteigerungen?	❶	❷	❸	❹	❺	
19.	Verfügen die Mitarbeiter im Innen- und Außendienst ausreichend über aktuelle Vertriebsdaten und -informationen, um selbst ihre Arbeit zu planen, steuern und zu kontrollieren?	❶	❷	❸	❹	❺	
20.	Kennen Sie Verkaufsmitarbeiter im Innen- und Außendienst, die Kundendeckungsbeiträge, und werden diese in der Kundenbearbeitungspolitik auch aktiv eingesetzt?	❶	❷	❸	❹	❺	

Bitte ermitteln Sie nun anhand des Gesamtpunktewertes die Leistungsreserven im Ihren Vertrieb.

Punktbewertung	Wachstumsschwelle
1 - 30	Sie haben Ihren Vertrieb grundsätzlich sehr gut organisiert. Achten Sie bitte auf jene Kriterien, die Sie mit der Punktzahl 3 bis 5 bewertet haben, denn in diesen Bereichen gibt es Ansätze für Verbesserungen. Beobachten Sie jedoch auch in der Zukunft die Entwicklung sehr genau, um schnell auf Veränderungen reagieren zu können.
31 - 45	Obwohl Sie Ihren Vertrieb im wesentlichen gut organisiert haben, zeigen sich in einzelnen Kriterien bereits Signale für notwendige Veränderungen. Bitte prüfen Sie die Fragen, die Sie mit 3 bis 5 bewertet haben, und leiten Sie in diesen Bereichen Verbesserungen ein.
46 - 60	Sie erreichen eine mittlere Qualitätsposition. Damit die zukünftige Entwicklung von Ihnen erfolgreich gemeistert wird, sollten Sie alle Kriterien, die Sie mit 3 bis 5 bewertet haben, dringend verbessern. Bitte erarbeiten Sie hierfür ein systematisches Aktionsprogramm.
61 - 75	Die gegenwärtige Situation Ihres Vertriebes signalisiert bereits hohe Risiko- und Gefahrenpotentiale. Bitte überprüfen Sie kurzfristig Ihre Vertriebsstrategie und -organisation, und erarbeiten Sie ein Effizienzprogramm zur Steigerung Ihres Vertriebs, insbesondere im Kundenmanagement.

Punktbewertung	Wachstumsschwelle
76 - 100	Sie sind hoch gefährdet, da sowohl strategische als auch organisatorische Fragen ungelöst erscheinen. Auch wenn diese heute noch nicht zu einem erkennbaren Umsatz- und Gewinneinbruch geführt haben, ist dringend Handlungsbedarf erforderlich. Bitte überarbeiten Sie Ihre Vertriebsstrategie, und richten Sie Ihre Vertriebsorganisation nach den Kundenerfordernissen konsequent aus.

Die Verkaufsorganisation durch Teambildung stärken

Die wirtschaftlichen Gegebenheiten zwingen viele Unternehmen, die Leistung ihrer Vertriebsorganisation zu optimieren. Mit kosmetischen Anpassungen können wir die gegenwärtige „Überorganisation" nicht bewältigen. Notwendig ist eine Rückbesinnung auf die ganzheitliche Kundenbearbeitung. Eigentlich eine einfache Lösung, aber dennoch radikal und revolutionär. Wird doch dabei das Spezialistentum in Frage gestellt und dem Allrounder der Vorzug gegeben. Da es in der Praxis diesen Alleskönner nur sehr selten gibt und die Vertriebsprozesse auch zu komplex sind, um von einem Mitarbeiter alleine durchgeführt werden zu können, wird die ganzheitliche Kundenbearbeitung auf Verkaufsteams übertragen werden. Die Devise dabei lautet:

Weg von der arbeitsteiligen, auf Hierarchien beruhenden Vertriebsorganisation und hin zu selbständigen Verkaufsteams, die alle kundenorientierten Aufgaben ganzheitlich in der Gruppe selbst bewältigen, indem sie diese planen, durchführen und kontrollieren.

Nachfolgend wird am Beispiel eines verarbeitenden, mittelständischen Industriebetriebes die klassische Aufgabengliederung im Vertrieb dargestellt und die Etablierung von Verkaufsteams aufgezeigt. Es handelt sich hierbei um eine vereinfachte Darstellung, die in ihrer Struktur jedoch auf alle Branchen und Größenklassen von Unternehmen sinngemäß anwendbar ist.

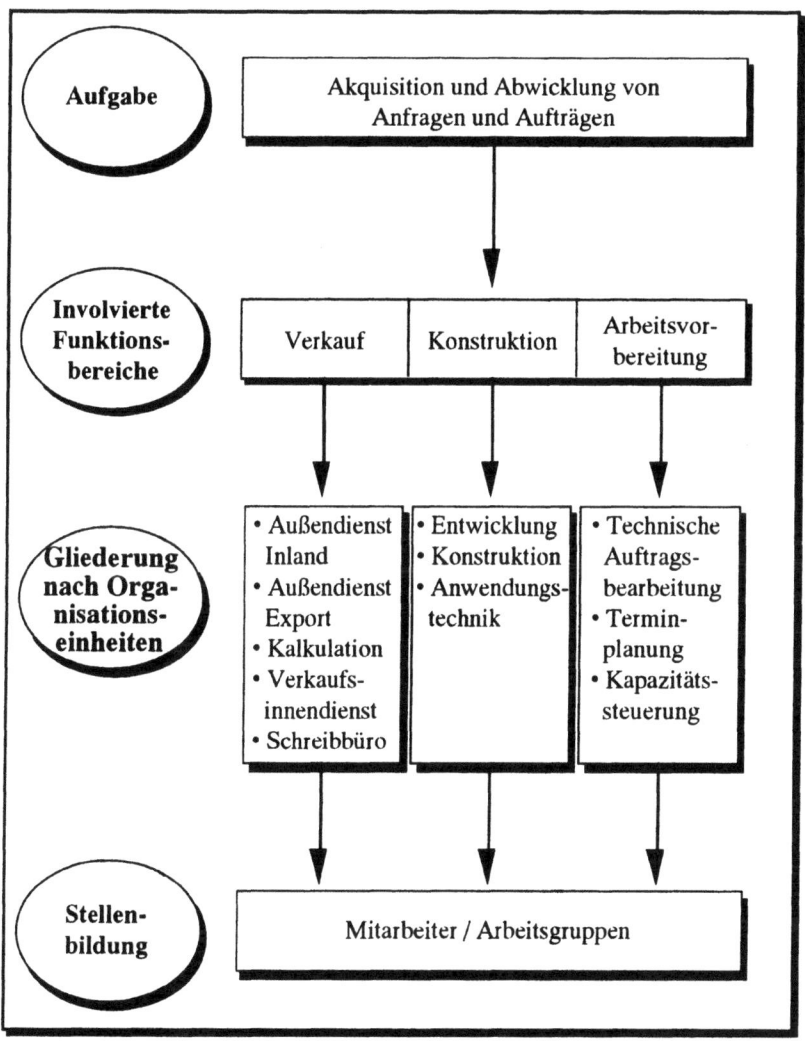

Schematische Darstellung vertriebsorientierter Aufgabengliederung

Die funktionale Organisationsgliederung bündelt Aufgaben und ordnet diese unter dem Gesichtspunkt einer optimalen Aufgabenbewältigung bestimmten Organisationseinheiten und Stellen zu. Nachteilig dabei ist, daß ganzheitliche Arbeitsprozesse aufgegliedert werden und organisatorische Schnittstellen entstehen.

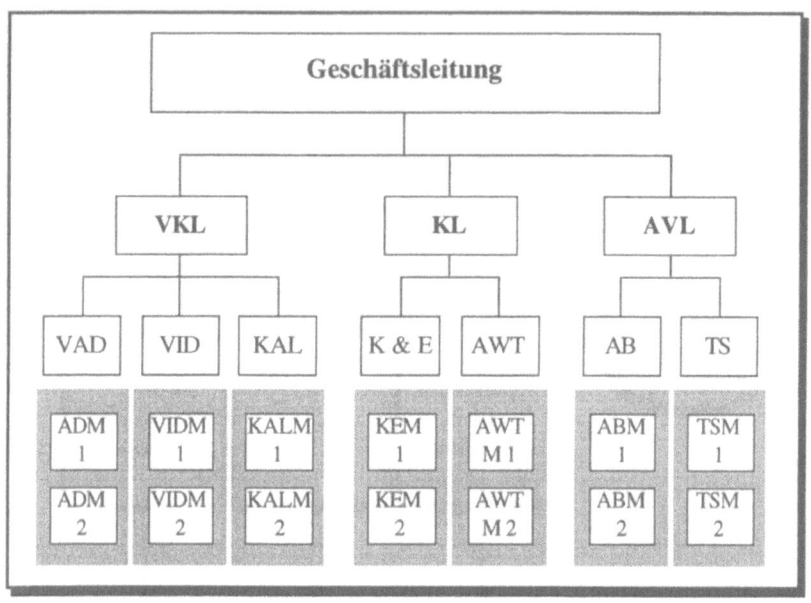

Funktionale Vertriebsorganisation eines technisch orientierten Unternehmens

Zeichenerklärung:

VKL	= Verkaufsleitung	K & E	= Konstruktion & Entwicklung
KL	= Konstruktionsleitung	KEM	= Mitarbeiter K & E
AVL	= Arbeitsvorbereitungsleitung	AWT	= Anwendungstechnik
VAD	= Verkaufsaußendienst	AWTM	= Mitarbeiter AWT
ADM	= Außendienstmitarbeiter	AB	= Technische Auftragsbearbeitung
VID	= Verkaufsinnendienstleitung	ABM	= Mitarbeiter AB
VIDM	= Innendienstmitarbeiter	TS	= Terminsteuerung
KAL	= Kalkulation	TSM	= Mitarbeiter TS
KALM	= Kalkulationsmitarbeiter		

Da in funktional ausgerichteten Vertriebsorganisationen

- jeder mit jedem in Kontakt ist,
- der Informationsfluß vielschichtig und überschneidend abläuft,
- Informationsinhalte zwischen den Stellen verloren gehen,
- ein hoher Koordinations- und Abstimmungsaufwand notwendig ist,

leiden die Effizienz, Schnelligkeit und vor allem die Kundenorientierung.

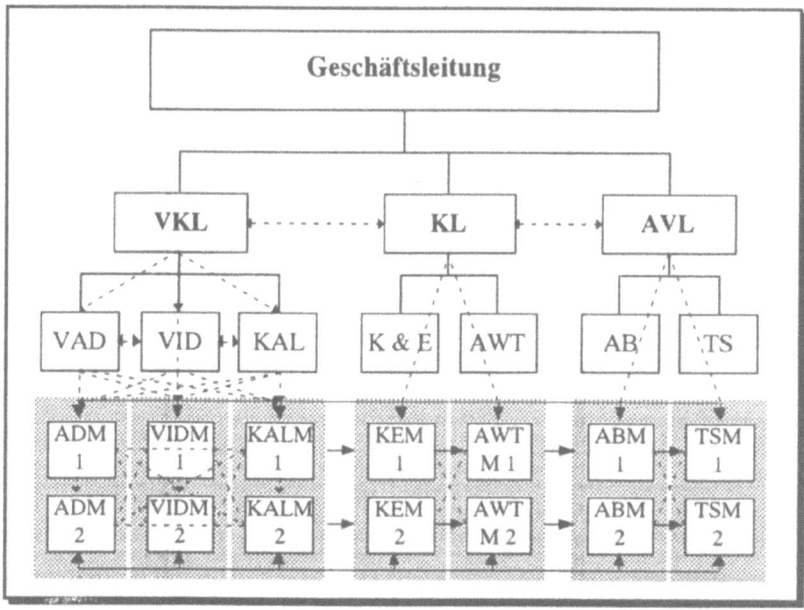

Schematische Darstellung des Informationsflusses am Beispiel Verkaufsleitung

Häufig auftretende Schwachstellen in hierarchisch funktionalen Vertriebsorganisationen:

o Anfrage und Auftragsdurchlauf wird in viele Bearbeitungsschritte zergliedert, was zu einem langen Informationsfluß, vielen Schnittstellen und damit zu langen und störanfälligen Arbeitsdurchläufen führt.

o Das Entstehen von Spezialistentum führt häufig dazu, daß der einzelne Mitarbeiter nur noch einen begrenzten Aufgabenumfang wahrnimmt und nicht mehr das Gesamtprodukt sieht.

o Die Verantwortung für die Qualität und Richtigkeit der Gesamtaufgabe fehlt oder kann nur mit einem hohen Koordinations- und Kontrollaufwand erreicht werden.

o Die Identifikation und die Zufriedenheit der Mitarbeiter mit der Arbeit leidet.

o Teilweise führt die fehlende Identifikation zu Resignation und „Kästchendenken".

o Ein relativ hoher Verschleiß an Energie und Engagement der Mitarbeiter tritt ein.

o Die Kundenanforderungen und -probleme sind nicht durchgängig allen Beteiligten bekannt. Die fehlenden Informationen führen zu geringer Problemleistungsfähigkeit, Doppelarbeiten und Rückfragen.

○ Die fehlende Kundenorientierung führt zu einer Verärgerung der Kunden, was letztlich – bei der in der Regel vorhandenen Austauschbarkeit der Produkte – zum Verlust des Kunden führt.

○ Die administrative Abwicklung der Anfragen und Aufträge steht im Vordergrund; kundenbezogenes Denken und Handeln fehlt häufig.

○ Verkauf und Technik fühlen sich mißverstanden und arbeiten zu wenig aktiv zusammen, was zu hohen Reibungsverlusten führen kann.

○ Durch die starke Aufgabenteilung und Stellenbesetzung wird die Organisation unwirtschaftlich und mitarbeiteraufwendig.

○ Die Organisation wird starr und unflexibel, und sie reagiert nicht schnell genug auf technologische und marktbedingte Veränderungen. Das Abarbeiten der Vorgänge steht im Vordergrund, nicht die aktive Gestaltung der Kundenbeziehung.

○ Chancen für neue Produkte und Dienstleistungen, mit denen dem Kunden ein zusätzlicher Nutzen gebracht werden könnte, werden nur zögerlich oder überhaupt nicht wahrgenommen.

○ Die Partnerschaft mit dem Kunden wird nicht konsequent praktiziert; der Kunde spürt zuwenig den Nutzen und die Vorteile aus der gemeinsamen Zusammenarbeit. Echte Kundenbindung kann so nicht entstehen.

Die zukünftigen Herausforderungen des Marktes erfordern, daß diese Schwachstellen nicht nur oberflächlich behandelt, sondern radikal verändert werden. Der Lösungsansatz hierfür heißt:

> **Bildung von Verkaufsteams**

Aber Vorsicht! Die Teambildung im Verkauf funktioniert nicht durch die organisatorische Zusammenführung einzelner Stellen, wie beispielsweise Kalkulation, Angebotsbearbeitung, Auftragsabwicklung, Logistik zu einer Arbeitsgruppe; auch wenn dieser das Etikett „Team" verliehen wird. Ein solches „Pseudo-Team" ist nichts anderes als die Fortsetzung der Einzelarbeit in der Gruppe. Ein Team ist wesentlich mehr als nur die Summe seiner Arbeitsfunktionen und -ergebnisse. Der wesentliche Unterschied zwischen einer Arbeitsgruppe und einem echten Verkaufsteam ist, daß in Arbeitsgruppen die Mitglieder dazu tendieren, sich auf sich selbst zu konzentrieren, unabhängig voneinander arbeiten und individuelle Bestleistungen zu erreichen versuchen; während in einem Team jeder die Abhängigkeit vom anderen erkennt, akzeptiert und jeder seinen Anteil zum Erfolg des Teams beiträgt, indem er seine Fähigkeiten und Talente zur Erreichung der Ziele des Teams einsetzt. In echten Teams engagieren sich alle Beteiligten gleichermaßen für die gemeinsame Sache, gemeinsame Ziele und einen gemeinsamen Arbeitseinsatz und erziehen sich auch gegenseitig zur Verantwortung. Der personelle Mix optimiert das Know-how im Verkaufsteam; die offene Kommunikation und das gegenseitige Miteinander lassen Hindernisse leichter überwinden, Arbeitsdisziplin und Arbeitsergebnis steigen mit dem Grad der Selbstorganisation. Daher arbeiten Teams leistungsfähiger als Arbeitsgruppen und allein auf sich gestellte Verkäufer.

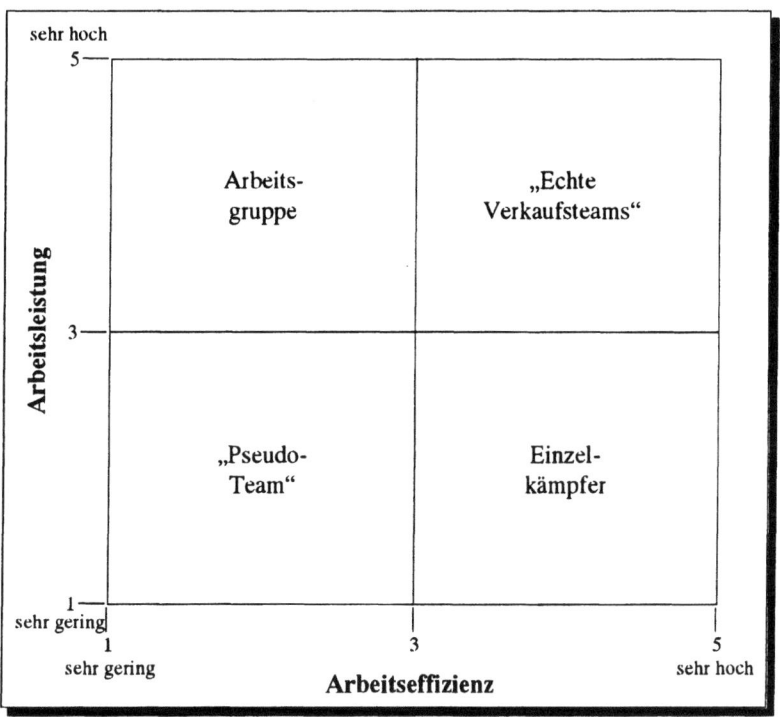

Teamarbeit erhöht die Effizienz und Leistung

Die Etablierung funktionierender Verkaufsteams ist nicht einfach, da eine Vielzahl organisatorischer, persönlicher und sozialer Aspekte zu beachten sind. Das organisatorische Prinzip der Teamorganisation im Verkauf basiert auf dem Grundgedanken, alle Funktionen und Aufgaben, die zur Bearbeitung und Betreuung einer Kundengruppe notwendig sind, in einem Team zusammenzufassen. Damit erfolgt nicht nur eine Know-how-Bündelung, sondern auch eine Verringerung der organisatorischen Schnittstellen, Verbesserung des Informationsflusses, was zu einer Erhöhung der Wirtschaftlichkeit führt. Gleichzeitig wird damit auch der Nutzen für den Kunden gesteigert, denn die Teamorganisation im Verkauf realisiert das Prinzip der Kundenorientierung.

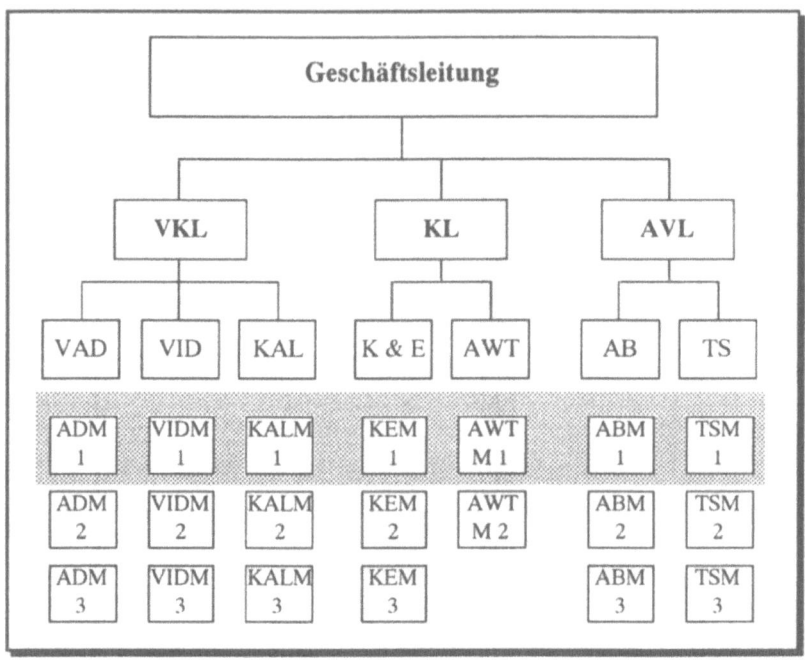

Organisatorisches Prinzip der Teambildung

Gut funktionierende Verkaufsteams bearbeiten ganzheitlich den zugeteilten Aufgabenbereich und sind verantwortlich für den Markterfolg. Innerhalb der strategischen Vorgaben entwickeln die Verkaufsteams ihre eigenen konzeptionellen Lösungen für Kundenprobleme sowie für notwendige neue Marketing-, Verkaufs-, Distributions- und Preiskonzepte. Ganzheitliches Teamwork in der Praxis bedeutet, daß die Teams sich selbst die organisatorischen Ziele setzen. Die organisatorische Gestaltung der Teams basiert auf den Anforderungen des Marktes und muß individuell danach ausgerichtet werden. So werden beispielsweise in einem Team, das auftragsbezogene Projekte bearbeitet, ein Konstrukteur und ein Arbeitsplaner integriert, während in einem Team, das Lageraufträge bearbeitet, nur der Aussendienst, der Verkaufsinnendienst und die Logistik integriert werden.

Grundsätzlich ist in jedem Verkaufsteam auch ein Teamleiter zu etablieren, dem die sachliche und personelle Führung des Verkaufsteams übertragen wird.

Durch die Bildung von Verkaufsteams wird zudem der Informationsfluß

- im Team,
- zum Kunden und
- im Unternehmen

klar und transparent geregelt. Somit sind Verkaufsteams ein ideales Instrument, um organisatorische Schnittstellen abzubauen und die Wirtschaftlichkeit der Organisation zu erhöhen.

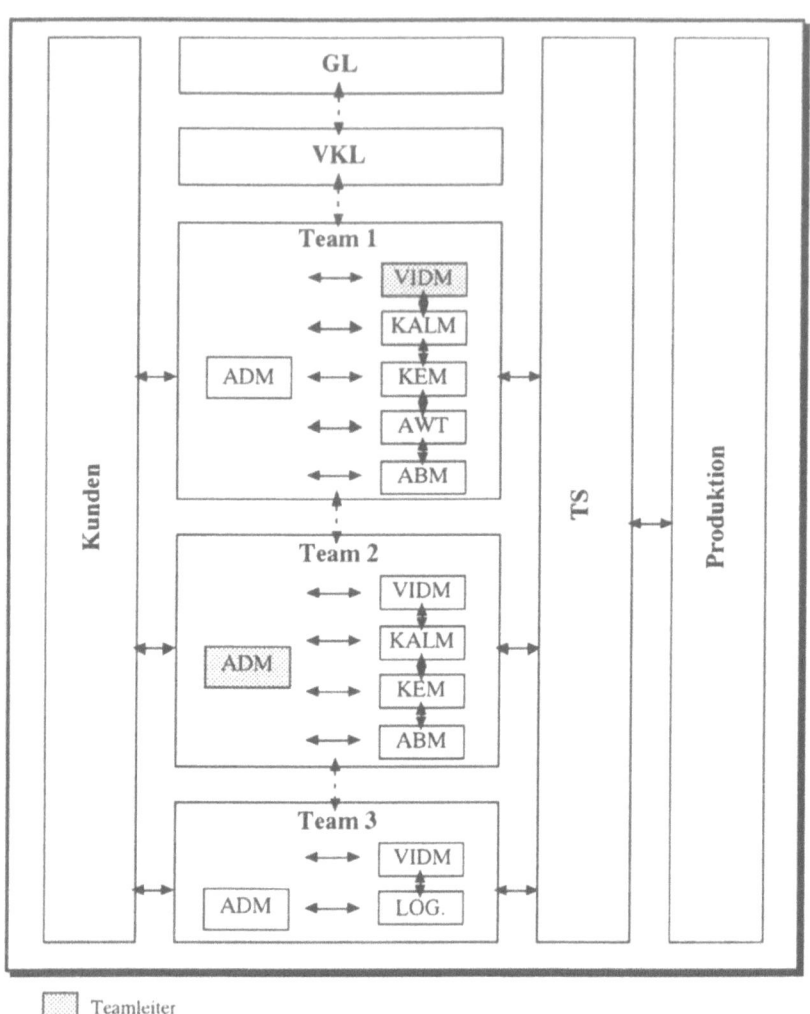

Individuelle Gestaltung von Verkaufsteams

Die Zusammensetzung der Teams richtet sich grundsätzlich nach der wahrzunehmenden Aufgabe, wobei stets darauf zu achten ist, daß alle anfallenden Aufgaben vom Verkaufsteam selbständig durchgeführt werden. In dem dargestellten Beispiel besteht das neu etablierte Verkaufsteam aus einem (eventuell auch mehreren) Mitarbeiter(n)

- des Außendienstes,
- des Verkaufsinnendienstes,
- der Kalkulation,
- der Konstruktion,
- der Anwendungstechnik,
- der technischen Auftragsbearbeitung.

Je nach Situation des Unternehmens können in der Praxis natürlich unterschiedliche Varianten in der Teambildung berücksichtigt werden. So ist etwa zu überlegen, ob das Schreibbüro in die Teams integriert oder als Schreibpool organisiert wird; ähnliche Überlegungen könnten auch für die Anwendungstechnik angestellt werden. Grundsätzlich gilt jedoch, daß alle verkaufsorientierten Tätigkeiten von den Teams autark durchgeführt werden müssen, denn nur dann können die Grundsätze der

- Kundenorientierung,
- Marktnähe,
- Schnelligkeit,

- Flexibilität,
- Wirtschaftlichkeit,
- Qualität,
- Innovation und
- Mitarbeitermotivation

realisiert und praktisch umgesetzt werden.

Die **personelle Zusammensetzung der Verkaufsteams** ist unter quantitativen, qualitativen und sozialen Aspekten vorzunehmen.

Die **Größe des Verkaufsteams** sollte zwischen drei und sechs Mitarbeitern liegen, wobei unterschiedlich große Teams nebeneinander etabliert werden können.

Hinsichtlich der **qualitativen Team-Zusammensetzung** ist zu berücksichtigen, daß jedes Teammitglied einen Aufgabenschwerpunkt in der Durchführung des Verkaufsprozesses wahrnehmen muß, gleichzeitig jedoch soll das Wissen über die Anfrage- und Auftragsbearbeitung teamübergreifend vorhanden sein, um Arbeitsspitzen und Vertretungssituationen durch gegenseitige Arbeitsübernahmen einfach und schnell zu bewältigen. Da diese Voraussetzungen in der Regel nicht gegeben sind, müssen die Teammitglieder über fachorientierte Schulungen entsprechend qualifiziert werden. In der Praxis hat sich bewährt, daß die „Spezialisten" im Team die Schulung vornehmen und so ihr Know-how übertragen.

Die Teambildung bringt auch die Chance einer **Umverteilung der Aufgaben zwischen Außendienst und Innendienst**.

Das Schlagwort dabei heißt:

> **Synergien schaffen zwischen Innen- und Außendienst.**

Zielsetzung dabei ist, den Innen- und Außendienst zu einer schlagkräftigen Einheit wachsen zu lassen und eventuell vorhandene Spannungsfelder hinsichtlich der unterschiedlichen Arbeitssituationen, Einstellungen und Verhaltensweisen abzubauen. Notwendig hierfür sind

- gemeinsame Zielvereinbarungen, deren Erreichung beziehungsweise Übererfüllung auch beim Innendienst Erfolgserlebnisse auslöst,

- variable Entlohnungssysteme, die auch die operative Verkaufsleistung des Innendienstteams berücksichtigt und monetäre Vorteile für ihn schafft,

- neue Aufgabenverteilungen, die den Innendienst zum kundenorientierten, verkaufsunterstützenden Partner des Außendienstes macht.

Die Aufgabenverteilung im Verkaufsteam wird so umgestellt, daß der Außendienstmitarbeiter von Aufgaben freigestellt wird, die vom Schreibtisch des Innendienstmitarbeiters kostengünstiger erledigt werden können.

Aufgaben des Außendienstes:

Zielsetzung: *Entlastung des Außendienstes von operativen Verwaltungsaufgaben, um ihn frei zu machen für qualitative Aufgaben in der Neukundengewinnung und Intensivierung bestehender Kunden.*

→ **Diesen Aufgaben kommen im Außendienst zukünftig größere Bedeutung zu:**

- Neue Kunden akquirieren
- Neue Produkte und Dienstleistungen einführen
- Systematische Betreuung der A- und B-Kunden
- Konsequente Durchführung umfassender Analyse und Problemlösungsgespräche mit den Kunden
- Intensivierung der bestehenden Kunden durch eine gezielte Ausschöpfung der Kundenpotentiale und Verdrängung der Wettbewerber (erreichen der ersten Lieferposition)
- Persönliche Kontakte zu Key-Accounts ausbauen
- Sachliche Serviceprogramme mit dem Kunden aufbauen, um sich in die Wertschöpfungskette der Kunden einzuschalten

→ **Von diesen Aufgaben wird der Außendienst zukünftig entlastet:**

- Terminvereinbarungen
- Angebotsbearbeitung
- Nachfassen schwebender Angebote
- Betreuung der C-Kunden
- Telefonische Betreuung der Kunden (Phone Promotion)
- Vorbereitung und Durchführung von Verkaufsaktionen
- Durchführung von Zusatz- und Anschlußverkäufen (Lager- und Abrufaufträge)

Aufgaben des Innendienstes:

Zielsetzung: *Aufbau eines operativen, verkaufsunterstützenden Innendienstes, der – in Absprache mit dem Außendienst – kundenorientierte Aufgaben in der Betreuung und Beratung der Kunden direkt wahrnimmt. Da diese Aufgaben einen „Verkäufertyp" erfordern, muß im Verkaufsteam ein Kundenmanager etabliert werden. Zweckmäßigerweise übernimmt der Teamleiter diese Aufgabe.*

→ **Diese Aufgaben nimmt der Innendienst zukünftig verstärkt wahr**

- Aktive Kundenkontakte
- Betreuung der C-Kunden
- Aktivierung ruhender Kunden
- Angebote nachfassen
- Telefonische Auftragseinholung
- Bedarfsforschung bei Kunden und Interessenten
- Bedarfsabfrage und Lagerverkauf
- Einholung von Nachbestellungen und Zusatzaufträgen
- Verkauf von Saisonprodukten, Restposten und Sonderangeboten
- Durchführung von Nachfaßaktionen bei Werbe- und Mailingaktionen
- Terminvereinbarungen für den Außendienst
- Ausgleichung längerer Besuchsfrequenzen des Außendienstes
- Mitarbeit bei der Einführung neuer Produkte
- Planung und Durchführung von Verkaufsaktionen

- Kundeninformationen
- Persönliche Aufmerksamkeiten, z. B. Geburtstagskarte, Glückwunschschreiben etc. an Kunden übersenden
- Beratung und Betreuung der Kunden
- Ansprechpartner des Kunden in allen Fragen und interne Koordination der Kundenanforderungen

→ **Aufgaben, die der Innendienst zukünftig anders organisiert:**

- Routinearbeiten
- Administrative Aufgaben
- Planungs- und Kontrollaufgaben
- Datenpflege
- etc.

Nach welchen Kriterien können Verkaufsteams organisiert werden?

In der Praxis haben sich vier grundsätzliche Möglichkeiten als sinnvoll herauskristallisiert:

- Teambildung nach Kunden
- Teambildung nach Produktgruppen

- Teambildung nach Regionen
- Teambildung nach Vertriebswegen

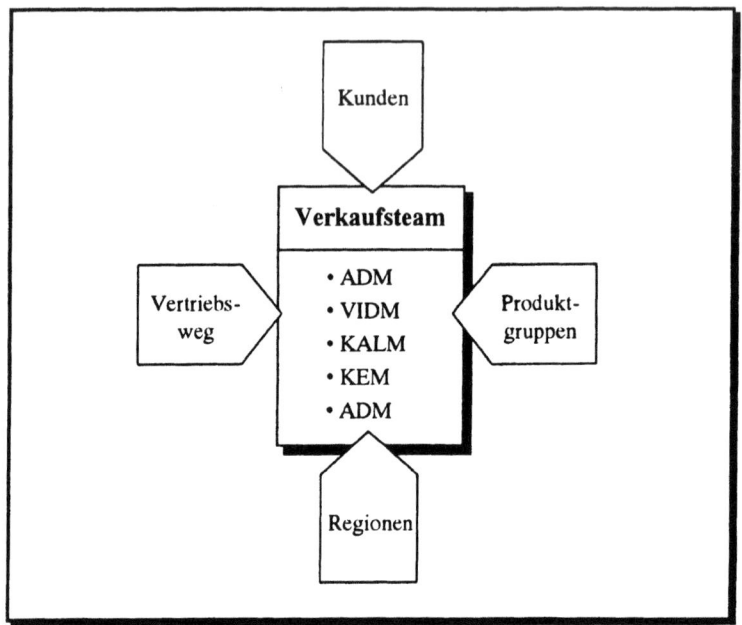

Gestaltung des Verkaufsteams

Wie kann die anfallende Arbeit gerecht auf die Verkaufsteams verteilt werden?

Da die Kapazitätsbelastung der Teams ausgewogen sein muß, ist für jedes Team im Planungsstadium ein Mengengerüst aufzubauen. Mögliche Faktoren, die dabei berücksichtigt werden können, sind:

- Anzahl bestehender Kunden
- Anzahl der Neukunden

- Anzahl der Angebote
- Bearbeitungsumfang der Angebote
- Anzahl der Aufträge, davon: Wiederholungsaufträge mit geringerem Änderungsaufwand als Erstauftrag sowie neue Aufträge
- Intensität im Kundenservice hinsichtlich Beratung und Betreuung
- Anzahl und Umfang von Verkaufsförderungsmaßnahmen
- Umsatz

Obwohl dieser Katalog auf den ersten Blick relativ lange erscheint, zeigt die Praxis, daß es möglich ist, dieses Mengengerüst hierfür zu bewerten. Ohne die Festlegung eines Mengengerüstes kann es nach der Installation des Teams zu hohen Differenzen in der Arbeitsbelastung kommen, was zu Umorganisationen führen muß. Natürlich leidet darunter das Vertrauen in die Teambildung, was gerade in der Aufbauphase sogar bis zur Ablehnung der Teamorganisation führen kann.

Die **sozialen Aspekte** sind in der Teambildung besonders aufmerksam zu betrachten, denn sie sind verantwortlich für die Harmonie, menschliche Akzeptanz und gegenseitige Unterstützung im Team. Diese Kriterien werden im folgenden Abschnitt detailliert dargestellt.

Verkaufsteams zum Erfolg führen

Ob Verkaufsteams in der Praxis mehr leisten als Einzelpersonen oder Arbeitsgruppen, hängt von den Rahmenbedingungen ab, unter denen die Teams arbeiten. Unbedingt zu beachten sind nachfolgende Kriterien.

Verkaufsteams brauchen klare Leistungsziele!

Ohne Leistungsanforderungen, die von allen Beteiligten verbindlich anerkannt und als wichtig erachtet werden, kann echte Teamarbeit nicht entstehen. Damit der Arbeitsauftrag von allen Teammitgliedern als gemeinsame Herausforderung verstanden wird, muß das Team selbst an der Zielformulierung aktiv beteiligt werden im Sinne des „Bottom-up-Prozesses". Wichtig ist, die Leistungsziele

- eindeutig zu formulieren,
- meßbar zu definieren und
- schriftlich festzulegen.

Damit die Verkaufsteams ihre Teamziele in Übereinstimmung mit der Unternehmenspolitik bestimmen können, ist es zwingend erforderlich, daß die Teammitglieder über die

- Unternehmensziele,
- Marketing- und Verkaufsstrategien,

- Attraktivität der Märkte und Kunden,
- Wettbewerbsposition des Unternehmens und
- Funktionsziele (Entwicklung, Technik, Werbung, etc.)

informiert sind.

	Planungs-beziehung	Planungsweg im Unternehmen		
		Geschäfts-leitung	Verkaufs-leiter	Teams
t o p d o w n	Ressourcenplanung; Rahmenziele	X ❶		
	Vertriebsstrategie; Verkaufsziele		X ❷	
	Teilziele nach • Kunden, • Produkten, • Regionen Operative Entscheidungen, Aktivitäten und Maßnahmen			X ❸

(rechter Rand: b o t t o m u p)

Zielplanung mit Verkaufsteams

Visionen stärken die Leistungskraft von Verkaufsteams!

Unternehmen, die ihre Visionen in einem Leitbild klar formuliert haben und diese Philosophie kommunizieren und den Mitarbeitern verständlich darstellen, setzen in Verkaufsteams ungeahnte Energien frei, denn jeder einzelne wird versuchen, durch sein Verhalten und seine Aktivitäten einen möglichst hohen Beitrag zur Realisierung der Leitbildziele beizusteuern. Gleichzeitig steigt das Gefühl der Verbundenheit zwischen den Teammitgliedern und die Identifikation mit dem Unternehmen.

Ein starkes Leistungsethos fördert die Teamleistung!

Leistung fördert die Zusammenarbeit und Arbeitsdisziplin im Verkaufsteam. Die Konzentration auf konkrete Leistungsergebnisse bewirkt, daß Teams effizienter und erfolgreicher arbeiten als Einzelpersonen oder Arbeitsgruppen. Die Teammitglieder ergänzen sich in ihren Fähigkeiten, Erfahrungen und in ihrem Know-how und schaffen somit Leistungen, die in Qualität und Präzision weit über denen von Einzelpersonen – auch wenn sie Spezialisten sind – liegen. Zusätzlich werden im echten Team die Arbeitsprozesse ständig auf Effizienz und Verbesserungen untersucht und optimiert.

Echte Teams entwickeln Verhaltensregeln, die ihnen helfen, die Leistungsziele zu erreichen. Beispiele hierfür sind:

o Nur Fakten und Ergebnisse zählen.

o Jeder hat seine Aufgabe zu erledigen.

o Es gibt keine Schuldzuweisungen.

o Alle Themen werden offen diskutiert.

o Jeder hat den anderen so zu akzeptieren, wie er ist.

Solche Grundsätze fördern das zielgerichtete Vorgehen, die Offenheit und das Vertrauen im Team.

Disziplin schafft die Bedingungen für Teamleistung!

Nur durch eine hohe Arbeitsdisziplin können optimale Ergebnisse erzielt werden. Dieses beginnt mit der Formulierung der Leistungsziele, des Arbeitseinsatzes und der zu bewältigenden Anforderungen gegenüber Kunden und Unternehmen. Echte Teams schaffen damit die Grundlage, daß jedes einzelne Mitglied sich den gestellten Aufgaben mit vollem Engagement und Freude stellt. Die Produktivität im Team wird durch gegenseitige Anerkennung der Leistung erhöht. Bei Fehlern erfolgt gegenseitige Korrektur, um die gemeinsam festgelegten Zielvorgaben zu erreichen. Da diese Vorgehensweise als Regelkreis zu verstehen ist, muß sie täglich neu gelebt werden.

Nur mit gegenseitigem Engagement und Vertrauen kann die Teamleistung gesteigert werden!

In echten Teams ist es eine Selbstverständlichkeit, daß jeder jeden unterstützt, wenn es die Sache erfordert. Hat ein Teammitglied Schwierigkeiten mit der Bewältigung der ihm zugeteilten Aufgabe, wird es von den anderen aktiv unterstützt und gefördert. Nicht Vorwürfe und Schuldzuweisungen stehen im Vordergrund, sondern die effiziente und konkrete Hilfe.

Die einzelnen Teammitglieder akzeptieren die gegenseitige Verantwortlichkeit, deren Kern das aufrichtige Versprechen ist, gemeinsame

Verantwortung für die Zielerreichung zu übernehmen unter dem Motto:

> „Einer für alle - alle für einen".

Die einzelnen Mitglieder sind daher interessiert zu erfahren, welche Aufgaben die anderen zu erfüllen haben, und sie sind auch bereit, sich hierfür die entsprechenden Fachkenntnisse und Qualifikationen über die persönliche Weiterbildung anzueignen.

In einem solchen Klima gewinnt jedes Teammitglied das Recht auf Äußerung seiner Ansichten sowie auf faire und konstruktive Auseinandersetzung mit seinem Standpunkt. Durch die Einhaltung dieses Versprechens wird das Vertrauen bewahrt und vertieft, auf dem jedes Verkaufsteam aufbauen muß.

Die Teammitglieder müssen sich in ihren Fähigkeiten gegenseitig ergänzen!

Erfolgreiche Teams zeichnen sich dadurch aus, daß die einzelnen Teammitglieder sich in ihren Fähigkeiten ergänzen. Diese Forderung geht weit über die reinen Fachkenntnisse hinaus und umfaßt folgende Bereiche:

o *Offene und faire Kommunikation*

   Echte Teamarbeit entsteht nur, wenn die Teammitglieder offen äußern, was sie empfinden. Dazu gehört einerseits, daß sachliche Probleme direkt angesprochen und diskutiert werden, andererseits haben echte Teams auch gelernt, zwischenmenschliche Probleme fair zu lösen.

o *Fähigkeit zur Problemlösung und Entscheidungsfindung*

Teams müssen imstande sein, die Aufgaben ganzheitlich zu lösen, indem sie die Chancen richtig erkennen, die Handlungsalternativen abwägen und entscheiden.

o *Fachkenntnisse*

Jedes Teammitglied muß über das notwendige Spezialwissen im Verkauf verfügen, das zur einwandfreien Erledigung der ihm übertragenen Aufgaben notwendig ist. Andererseits müssen die Mitglieder in einem echten Verkaufsteam weitgehend auch fachliche Kompetenz besitzen, was die Tätigkeit der Teamkollegen angeht. Denn die Bewältigung der komplexen Aufgabenstellungen im Verkauf erfordert den Einsatz und die Mitarbeit aller Teammitglieder. Idealerweise sollten in einem Verkaufsteam alle Aufgaben (Angebotserstellung, Kalkulation, Auftragsabwicklung, Auftragsplanung, etc.) von allen beherrscht werden, damit das Team auch in schwierigen und unvorhergesehenen Situationen (Personalausfall, extrem hohe Auftragslage etc.) voll handlungsfähig bleibt.

Im Team sind klare Aufgabenverteilungen notwendig!

In einem erfolgreichen Verkaufsteam orientiert sich die Aufgabenverteilung nach den Kenntnissen, Fertigkeiten und Fähigkeiten der

Teammitglieder. Nur wenn die Aufgaben und Funktionen innerhalb eines Teams angemessen und unmißverständlich geregelt sind, werden Über- oder Unterforderung der einzelnen Teammitglieder vermieden und die zu bewältigenden Aufgaben können ohne Verlust an Energie und Zeit effektiv erledigt werden. Die Verletzung dieses Grundsatzes führt sehr schnell zu Demotivation und Frustation im Team.

Individualität im Verkauf steht nicht im Widerspruch zur Teambildung. Notwendig ist, die Verantwortung des einzelnen zu erkennen und zu fördern, denn Teambildung heißt nicht, das Individuum zugunsten des Kollektivs aufzugeben. Im Gegenteil gilt es, Mittel und Wege zu finden, wie jedes Teammitglied seinen individuellen Beitrag zum Erfolg leisten und sich dadurch auszeichnen kann. Individualismus, sofern in den Dienst der gemeinsamen Aufgaben- und Zielerfüllung gestellt, wird zum Motor des Teamerfolges.

Ein Team will geführt werden!

Der Teamleiter hat einen entscheidenden Einfluß auf die Leistungskraft eines Verkaufsteams, denn er muß zusätzlich zu seinem Aufgabengebiet die Arbeitsprozesse im Team mit hoher fachlicher Kompetenz planen, steuern und kontrollieren. Gleichzeitig muß er über seine soziale Kompetenz die produktive Zusammenarbeit sowie das Engagement und Vertrauen im Team fördern und entwickeln.

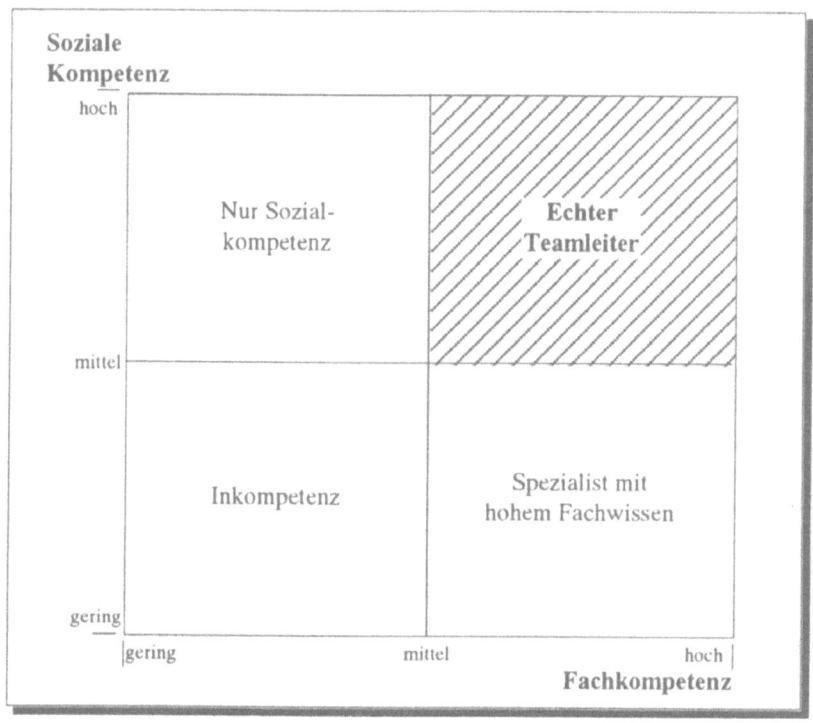

Soziale und fachliche Kompetenz eines Teamleiters

Sechs Punkte, die für eine gute Teamführung notwendig sind:

a) *Teamziele und Arbeitseinsatz sinnvoll regeln.*

Ein Team erwartet von seinem Teamleiter, daß er es innovativ und kreativ in der Formulierung der gemeinsamen Leistungsziele und des Arbeitseinsatzes berät und unterstützt, ohne dabei seine Meinung im hierarchischen Sinne „durchzudrücken". Der Teamleiter ist Trainer und Coach seiner Mannschaft. Der Teamführer ist andererseits mit einem speziellen Aufgabengebiet im Team betraut, das er – wie jedes andere Mitglied auch – optimal abarbeiten muß. Ein Team erwartet von seinem Teamführer, daß er diese Doppelrolle distanziert einsetzt, um das Team bei der Klärung seiner Zweckvorstellungen, Ziele und Arbeitsansätze sowie im Engagement zu unterstützen und sich gleichzeitig als „normales" Teammitglied zu integrieren.

b) *Engagement und Vertrauen aufbauen*

Echte Teamführer arbeiten täglich daran, das Engagement und Vertrauen jedes einzelnen und des gesamten Teams durch ein positives und konstruktives Feedback zu stärken.

c) *Fähigkeitenmix und -niveaus optimieren*

Effektive Teamführer achten sehr genau auf die Entwicklung der Teammitglieder hinsichtlich ihrer fachlichen und sozialen Fähigkeiten und setzen bei Bedarf Schulungen an.

d) *Beziehungen managen und Hindernisse beseitigen*

Vom Teamführer wird erwartet, daß er die Einbindung und Akzeptanz des Teams in der Organisation „managt". Damit ist er gefordert, Zweck, Ziele und Arbeitsweise des Teams im Unternehmen zu kommunizieren. Auch muß er den Mut besitzen, immer dann für das Team einzutreten, wenn Hindernisse auftreten, die die Effektivität des Teams behindern oder die Motivation beeinträchtigen könnten.

e) Den Teammitgliedern Chancen eröffnen

Kein Team wird gute Leistungen erzielen, wenn der Teamführer die besten Möglichkeiten und Aufgaben an sich reißt und auch das Lob dafür einheimst. Ein echter Teamleiter eröffnet seinem Team Möglichkeiten zur Darstellung der Leistung und des Erfolges.

f) Echte Arbeit übernehmen

Jedes Mitglied eines effektiven Teams – auch der Teamführer – hat im großen und ganzen gleich viel echte Arbeit zu leisten. Der Teamführer muß zwar zur Ausübung seiner Führungsaufgabe einen gewissen Freiraum erhalten. Diesen darf er jedoch nicht dafür ausnutzen, Aufgaben nur noch zu delegieren. Von ihm wird erwartet, daß er neben den Führungsaufgaben auch einen echten, konkret meßbaren Arbeitsbeitrag zur Erfüllung der Teamleistung beiträgt.

Zusammenfassend ist zu sagen, daß ein echter Teamleiter neben der Durchführung seines zugeteilten Aufgabengebietes folgende Führungsfunktionen abdecken muß:

- Planen
- Organisieren
- Koordinieren
- Integrieren

- Motivieren
- Kommunizieren
- Repräsentieren

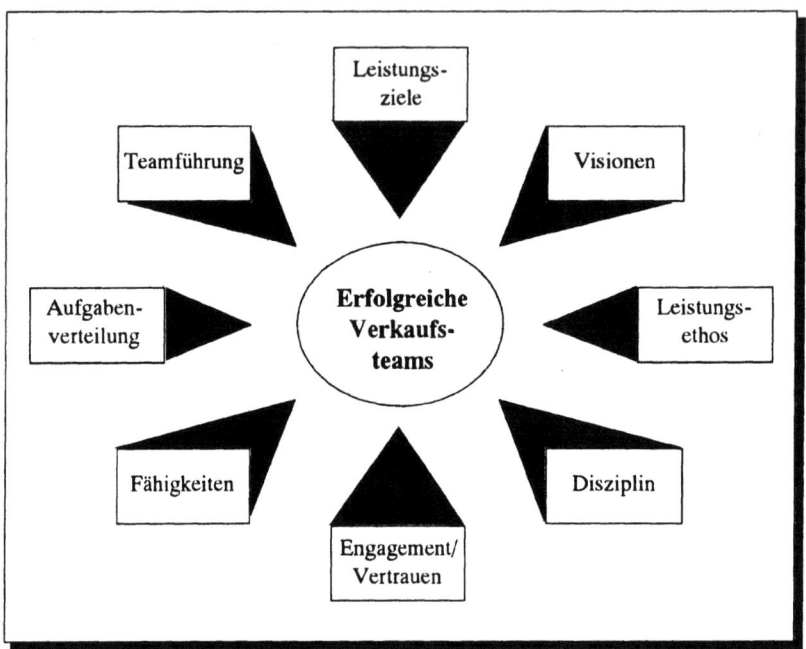

Erfolgsfaktoren eines Verkaufsteams

3. Leistungsorientierte Entlohnung von Verkaufsteams

Führungsphilosophie und Team-Entlohnung

Organisatorische Umstrukturierungen im Verkauf alleine reichen nicht aus, um die Leistungsfähigkeit, Motivation und Schlagkraft dauerhaft zu erhöhen. Neben einer auf Partnerschaft ausgerichteten Führungsphilosophie ist die Einführung eines variablen Vergütungssystems notwendig, das jedem Verkaufsmitarbeiter im Innen- und Außendienst die Chance eröffnet, durch höhere Eigenverantwortung und Leistung mehr Geld zu verdienen. Die übliche starre Gehaltsmethodik mit nur Festgehalt im Innendienst und Provisionen für den Außendienst paßt nicht mehr in eine teamgesteuerte Verkaufsorganisation.

In einem Team wird der Verkaufserfolg sowohl vom Außendienst als auch vom Innendienst erarbeitet. Der kundenorientierte Innendienst unterstützt seinen Außendienstpartner aktiv durch besuchsvorbereitende Aufgaben sowie in der Verkaufsförderung, Kundenberatung und -betreuung. Diese Strategie senkt nicht nur die Vertriebskosten, sondern bindet den Innendienst in die aktive Kundenbearbeitung ein und schafft für den Außendienst neue Freiräume in der Intensivierung wichtiger Stammkunden und Gewinnung neuer Kunden.

Die gemeinsame Zielsetzung und die wechselseitige Übernahme von Verantwortung und Aufgabenerfüllung steigern das Engagement und die Leistungsbereitschaft aller Teammitglieder, da der Markterfolg gemeinsam erreicht wird. Die Erreichung bzw. Überschreitung der Ziele löst auch beim Innendienst Erfolgserlebnisse aus, die die wichtigste Quelle für neue Leistungssteigerungen sind. Denn nichts motiviert mehr als Erfolg.

Die Einführung einer ertagsorientierten Team-Entlohnung führt zu keiner Leistungs- und Motivationserhöhung, wenn das Führungsklima in einem Unternehmen nicht stimmt. Die variable Team-Entlohnung wird nur dann ein wirksames Führungsinstrument, wenn die Unternehmensphilosophie die Leistung des Verkaufsteams fördert, denn Geld alleine ist nicht der ausschließliche Motivationsfaktor, sondern nur ein zusätzlicher Anreizfaktor. Zwingende Voraussetzung für die erfolgreiche Einführung einer Team-Entlohnung ist ein partnerschaftlicher Führungsstil, der gewährleistet, daß die Teammitglieder gemeinsam bestimmen, wohin die Reise geht (Zielbestimmung), wechselseitige Verantwortung im Team übernommen wird und eine gegenseitige Unterstützung sicherstellt. Autoritär geführte Unternehmen dagegen tun sich schwer, teamorientierte Vergütungssysteme ohne Veränderung der Führungskultur einzuführen. Führungsphilosophie und Entgeltkonzepte stehen in direkter Abhängigkeit zueinander.

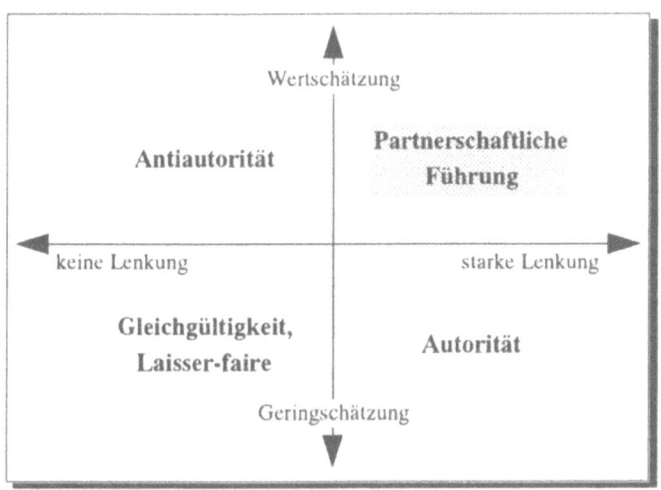

Führungsphilosophie

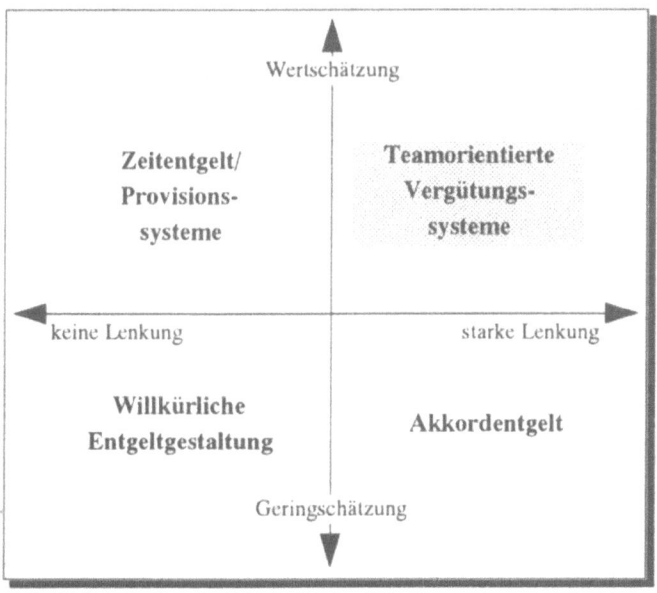

Philosophie der Entlohung

Teamarbeit bewerten und entlohnen

Die Leistung der Verkaufsteams zu bewerten und zu honorieren symbolisiert den Stellenwert, der der Teamarbeit im Verkauf beigemessen wird.

Die Bewertung der Teamleistung im Verkauf setzt grundsätzlich ein faires, von allen akzeptiertes, einfaches Verfahren voraus, das unterschiedliche Kriterien berücksichtigt und sowohl die individuelle als auch die Teamleistung als Ganzes berücksichtigt. Wenn die Messung der Teamleistung von diesen Kriterien geleitet wird, bildet sie die Grundlage für ein effizientes Entlohnungssystem.

Die Leistungsbewertung wird von einem Verkaufsteam als fair und gerecht empfunden, wenn

- das Verkaufsteam aktiv an den Zielvorgaben mitgearbeitet hat und diese akzeptiert;

- die Zielerreichung realistisch und vom Verkaufsteam direkt beeinflußbar ist;

- die Kriterien der Leistungsmessung einfach und überschaubar gehalten werden;

- die Messung des IST-Leistungsergebnisses sicher und unanfechtbar ist;

- aktuelle und sichere Kontrollmöglichkeiten für die Verkaufsmitarbeiter bestehen;

- kurzfristige Informationen über die Zielerreichungsgrade pro Verkaufsteam existieren, um einen unmittelbaren Bezug zwischen Leistung und Vergütung herzustellen;
- klare, eindeutige, nachvollziehbare Richtlinien für die Leistungsbeurteilung definiert sind;
- das Bewertungssystem erklärt und von allen Teammitgliedern verstanden worden ist.

Ein effizientes Team-Entlohnungsmodell im Verkauf berücksichtigt unterschiedliche Meßkriterien für die Leistungsbewertung, denn nur ein ausgewogenes, auf mehreren Faktoren beruhendes System der Leistungsbeurteilung fördert eine ausgewogene Teamleistung. So kann es ein gravierender Fehler sein, die Team-Entlohnung ausschließlich auf ein Kriterium zu konzentrieren, da damit unweigerlich dieses eine Kriterium forciert wird. So werden bei ausschließlich ertragsorientierter Entlohnung die deckungsstarken Produkte vorrangig angeboten, ohne die Kapazitätsauslastung und die Erfüllung der Servicekriterien gegenüber dem Kunden zu berücksichtigen. Die Messung der Teamleistung im Verkauf erfordert daher eine Kombination von Kriterien. Diese Kombination kann zum Beispiel den Umsatz, den Ertrag, die Kundenzufriedenheit, die Senkung der Lagerkosten, die Reduzierung der Reklamationskosten, die Teamfähigkeit usw. enthalten. In der Praxis sollte sich jedoch aufgrund der Einfachheit, Überschaubarkeit und Transparenz die Team-Entlohnung auf die wesentlichen Kernkriterien, welche die Strategie des Unternehmens fördern, konzentrieren.

Die Etablierung von Verkaufsteams darf auf keinen Fall die individuelle Leistung unterdrücken. Sicher, der klassische Einzelkämpfer im Außendienst, der auf sich gestellt die Kunden direkt akquiriert, betreut und daneben noch Zeit für die Auftragsabwicklung, Service usw. aufbringt, ist passé. Trotzdem zeichnen sich nach wie vor gute Verkäufer durch individuelles Handeln und Agieren aus, das gilt auch und gerade für Teams. Gleichzeitig weiß jeder Verkäufer, daß er ohne gut funktionierende Organisation im Hintergrund chancenlos ist. Denn im Kampf um den Kunden entscheiden heute reibungslose Vertriebsabläufe an der direkten Schnittstelle zwischen Unternehmen und Kunde. Das heißt stärkere Einbindung des Innendienstes in den aktiven Verkauf und stärkere Unterstützung des Außendienstes durch Vor- und Nachbereitung des „Innendienstverkäufers", der Kontakte knüpft, Termine plant und überwacht oder Anschlußgeschäfte abwickelt.

Team- und Individualleistung vertragen sich problemlos, wenn sie in den Dienst der gemeinsamen Zielsetzung gestellt werden. So wird das Bedürfnis jedes einzelnen, sich als Individuum auszuzeichnen, zu einer Kraftquelle für die Teamleistung. Kann sich jedoch die individuelle Leistung des einzelnen zuwenig entfalten, werden die Möglichkeiten zur persönlichen Auszeichnung zu sehr vernachlässigt, dann können Probleme entstehen, die bis zur Zerstörung eines Teams führen können.

Daher ist es äußerst wichtig, in der Team-Entlohnung sowohl die Einzel- als auch die Gruppenleistung zu berücksichtigen. Dieses kann beispielsweise erreicht werden, wenn die einem Team zugeordneten Außendienstmitarbeiter individuelle Quoten haben, nach denen sich ihre Provision richtet; die Innendienstmitarbeiter über ein Festgehalt für ihre „Grundtätigkeiten" bezahlt werden und das gesamte Team als Anerkennung herausragender Leistungen zusätzlich eine erfolgsorientierte Leistungsentlohnung – gemessen an den festgelegten Meßkriterien – erhält.

Da eine Team-Entlohnung immer individuell auf die Situation und Strategie des Unternehmens abgestimmt werden muß, gibt es kein allgemein gültiges Patentrezept. Notwendig ist jedoch immer eine sorgfältige Feinabstimmung zwischen den individuellen Leistungen der Teammitglieder und der Leistung des Teams als Ganzes. Team-Entlohnung macht nur dort Sinn, wo eine gegenseitige Beziehung zwischen den Leistungen der einzelnen Teammitglieder vorhanden ist. Werden lediglich die Einzelleistungen mehrerer Verkäufer aufaddiert und dann auf das Team als Ganzes aufgeteilt, kann von einem echten Team keine Rede sein. Zudem dürfte die gleichmäßige Aufteilung der Provisionen auf das Team von den einzelnen nur solange akzeptiert werden, bis keine allzu gravierenden individuellen Leistungsunterschiede bestehen. Bei starken Leistungsunterschieden muß die individuelle Leistung honoriert werden, da Verkaufsteams kein allgemeines Kollektiv darstellen.

Eine effiziente Team-Entlohnung setzt eindeutige Meßkriterien voraus. Nur wenn jeder im Verkaufsteam weiß, wer wofür eine Belohnung erhält, wird das Team als Ganzes hervorragende Leistungen erbringen und die Team- und Individualleistung zu einer echten Einheit verbunden werden.

Der Aufbau einer echten Team-Entlohnung im Verkauf macht es erforderlich, unterschiedliche Belohnungskomponenten im Entlohnungssystem zu berücksichtigen. So werden in der Regel die „Grundtätigkeiten" der Teammitglieder über eine Basisentlohnung abgedeckt und die über den festgelegten Zielkriterien liegenden Leistungen über ein leistungsorientiertes Entlohnungssystem honoriert.

In einem Verkaufsteam kann somit die Basisentlohnung für die Außen- und Innendienstmitarbeiter durchaus unterschiedlich festgelegt werden, je nach Stellenanforderung, Aufgabenerfüllung, Qualität und Zielvorgaben. Dieses sollte jedoch nicht für die variable Leistungsentlohnung gelten, die für die Übererfüllung der Zielvorgaben festgelegt wird, denn dieser Erfolg wird vom Verkaufsteam als Ganzes erarbeitet. Überschreitet ein Verkaufsteam die festgelegten Leistungsziele, sollten alle Teammitglieder nach einem gleichen Verteilungsschlüssel am Erfolg partizipieren, denn das hervorragende Ergebnis, das variabel entlohnt wird, ist dem gemeinsamen Teamerfolg gutzuschreiben, zu dem alle Teammitglieder beigetragen haben.

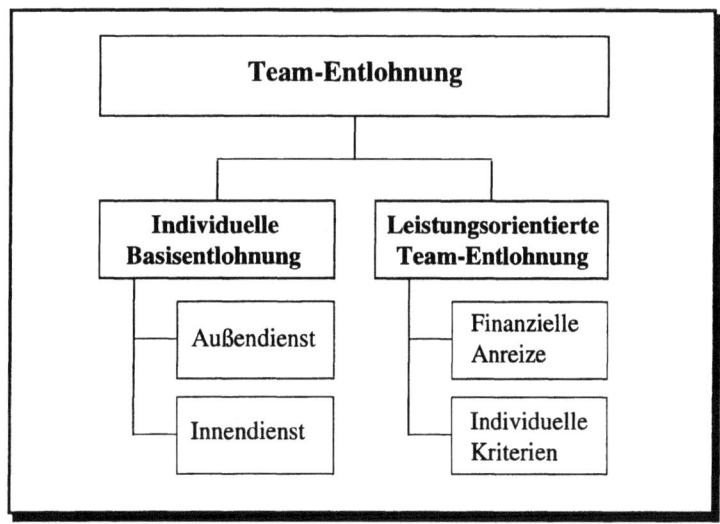

System der Team-Entlohnung

Starre Gehaltsformen haben ausgedient!

Notwendig sind Belohnungssysteme, die jedem Verkaufsmitarbeiter im Innen- und Außendienst die Chance eröffnen, durch höhere Eigenverantwortung und Leistung mehr Geld zu verdienen und einen hohen Grad der Selbstverwirklichung zu erreichen. Die Team-Entlohnung als wichtiges Instrument der Verkaufsförderung muß daher materielle und immaterielle Anreize kombinieren. Die Bedeutung der monetären Leistungsanreize wird häufig überschätzt, denn Geld alleine ist auf Dauer nicht der Motivationsfaktor, sondern das emotionale Erfolgserlebnis der Verkaufsteams, bei dem alle Teammitglieder wissen, welchen Anteil jeder einzelne zum Teamergebnis beigetragen hat. Hinzu kommt, daß für viele Mitarbeiter neben einer fairen Entlohnung die sozialen Kriterien

- Anerkennung
- Bewunderung
- Verantwortlichkeit
- Selbständigkeit
- Erfolg

von emminierter Bedeutung sind. Eine effiziente Team-Entlohnung basiert somit nicht nur auf monetären Anreizen, sondern berücksichtigt auch immaterielle Kriterien.

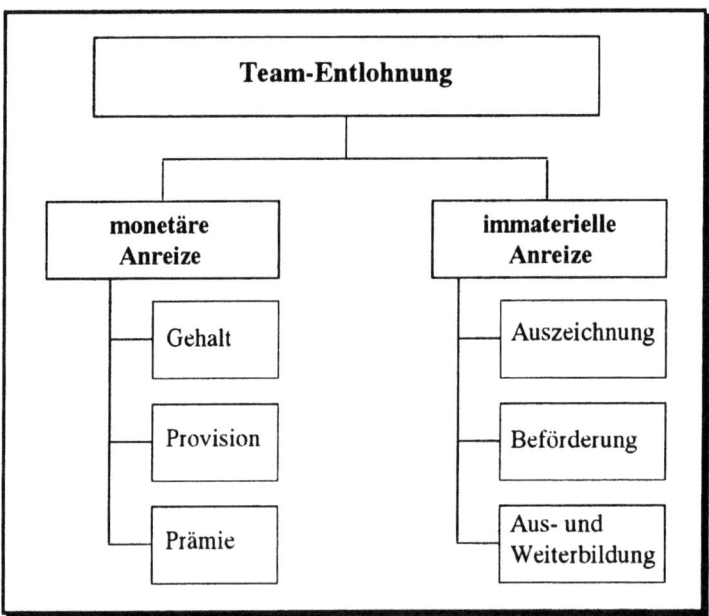

Monetäre und immaterielle Anreize

Anforderungen an die Team-Entlohnung

Da die Team-Entlohnung auf die speziellen Vertriebsziele und Geschäftsmechanik jedes Unternehmens individuell abgestimmt werden muß, gibt es kein allgemein gültiges Team-Entlohnungsmodell. In der Praxis ist jedes Modell maßgeschneidert auf die Situation des Unternehmens ausgerichtet, um die Vertriebsstrategie und -organisation gezielt zu unterstützen. Entsprechend unterschiedlich sind auch die Modelle von Unternehmen, die mit Verkaufsteams arbeiten. Die Spannbreite reicht dabei von Entlohnungsmodellen, die auf der Basis einer Leistungskomponente beruhen, über Modelle, die nach einem Durchschnittswert berechnet werden, bis hin zu Verkaufsteams, die sämtliche erzielte Provisionen in einem Teamtopf sammeln und in gegenseitigem Einvernehmen nach einem festgelegten Schlüssel auf die Teammitglieder aufteilen.

Unabhängig von den spezifischen Anforderungen des Unternehmens muß die Team-Entlohnung folgende generelle Kriterien erfüllen:

o Die Team-Entlohnung muß die Marketingkonzeption des Unternehmens verstärken. Sie muß sich nahtlos in die Vertriebspolitik einfügen und eine Steuerung des Verkaufsteams im Sinne der Marketingziele gewährleisten.

Will ein Unternehmen beispielsweise seinen Marktanteil über den Umsatz ausbauen, so könnte ein deckungsbeitragsorientiertes Meßkriterium im Entlohnungssystem diesem Marketingziel entgegenwirken, da das Verkaufsteam aufgefordert wird, vorwiegend gewinnbringende Produkte zu verkaufen zu Lasten des

Umsatzes, dessen Größe für die Generierung des Marktanteils ausschlaggebend ist. Umgekehrt kann es für ein Unternehmen, das sehr stark auf Kundenbindung und Wiederholungskäufer setzt, gefährlich sein, in der Team-Entlohnung nur auf Umsatz und Ertragskriterien abzustellen, da ein solches Hilfsmittel zur Umsatzsteigerung und zum Verkauf von Produkten mit hohen Gewinnspannen ist. Die Kriterien der Team-Entlohnung dienen nicht dazu, die Kunden gut zu bedienen und zu betreuen, ihr Vertrauen und ihre Loyalität zu gewinnen.

o Das Team-Entlohnungsmodell muß einen echten Leistungsanreiz bieten und gleichzeitig sicherstellen, daß die Basisentlohnung nicht unter dem branchenüblichen Durchschnittseinkommen liegt.

Der leistungsbezogene Vergütungsanteil sollte nach fest definierten Zielerreichungsgraden gestaffelt werden und auch in der Leistungsspitze noch genügend Anreiz für Höchstleistungen bieten. Die herausragenden Teamleistungen sollten im Durchschnitt mit zehn bis 20 Prozent variablen Zusatzeinkommen auf die Basisentlohnung honoriert werden, um einen echten Leistungsanreiz darzustellen.

o Ein effizientes Vergütungssystem basiert auf Leistungskriterien, die von den Teammitgliedern direkt beeinflußt und kontrolliert werden können.

o Das Team-Entlohnungsmodell muß einfach, überschaubar und verständlich sein, damit Leistungssteigerungen und Leistungsanforderungen kurzfristig festgestellt und von den Teammitgliedern wirkungsvoll gegengesteuert werden kann.

o Die Teamvergütung muß gerecht und chancengleich sein. Dieses setzt voraus, daß jedes Teammitglied das Vergütungssystem versteht und mit seiner Höchstleistung positiv zum Teamergebnis beitragen kann. Gleichzeitig gibt es über die Zielerreichungsgrade strukturelle Unterschiede in den Verkaufsbezirken auszugleichen, damit jedes Verkaufsteam grundsätzlich die gleichen Chancen hat, die festgelegten Leistungsanreize zu erreichen.

o Eine Team-Entlohnung muß flexibel gestaltet werden gegenüber wechselnden Marketingzielen und -strategien. Ein Wechsel der Vertriebsschwerpunkte darf nicht zu grundlegenden Systemschwierigkeiten führen, sondern muß über eine Neuorientierung des Entlohnungssystems flexibel abgefangen werden können. Somit wird auch sichergestellt, daß ein Team-Entlohnungsmodell langfristig (mindestens drei bis fünf Jahre) angelegt wird.

o Team-Entlohnungsmodelle müssen als Führungs- und Steuerungsinstrument die Eigensteuerung und Selbstmotivation der Verkaufsteams fördern und Kontrollmöglichkeiten beinhalten.

o Ein rationelle administrative Handhabung ist Voraussetzung für eine wirtschaftliche Abwicklung. Um die Transparenz und Nachvollziehbarkeit des Systems sicherzustellen, sollte eine Team-Entlohnung nicht mehr als drei finanzielle Vergütungsbestandteile (Fixum, Provision, Prämie) enthalten.

Die Vielzahl der Anforderungen signalisiert die hohe Komplexität der Gestaltung von Team-Entlohnungsmodellen. Auch ohne Berücksichtigung der unternehmensspezifischen Anforderungen erkennt man, daß einige generelle Kriterien zueinander im Widerspruch stehen. So steht die Forderung, nach echtem Leistungsanreiz zu bezahlen, in Konflikt mit der Gewährung eines branchenüblichen Basiseinkommens. Oder das Kriterium der Einfachheit und Überschaubarkeit steht im Widerspruch zu einem ausgeklügelten, auf mehreren Komponenten basierenden Entlohnungssystem.

Daher ist die Entwicklung eines Team-Entlohnungsmodells in gewisser Weise eine Gratwanderung, bei der man durch die Integration falscher Elemente oder durch die Festlegung falscher Schwerpunkte schnell negative Konsequenzen erfahren kann, was sich darin äußern kann, daß die Ziele des Vergütungssystems nicht erreicht bzw. vernachlässigt werden. Team-Entlohnung im Verkauf undifferenziert eingesetzt, kann sich somit durchaus als zweischneidiges Schwert erweisen. Um Fehler zu vermeiden, sind nicht nur äußerst systematische Vorbereitung, Abstimmung und Simulation der einzelnen Vergütungskomponenten notwendig, sondern auch die Integration des Verkaufsteam in der Planungsphase.

Das System der Team-Entlohnung

Eine effiziente Team-Entlohnung orientiert sich nach klaren Zielvorgaben, wie beispielsweise Umsatz, Ertrag, Senkung der Vertriebs, Reklamations- und Lagerkosten sowie Erhöhung der Schnelligkeit, Kundenzufriedenheit usw. Diese Zielkriterien sind über eindeutige Meßgrößen festzulegen, die sich an den Vorjahreswerten oder an Planvorgaben orientieren können.

Die Team-Entlohnung basiert auf zwei Säulen. Die Basisentlohnung wird bezahlt für die Erreichung festgelegter Mindestziele, die jedes Jahr neu mit dem Verkaufsteam zu vereinbaren sind. Herausragende Leistungen, die über den Mindestzielen liegen, werden über ein leistungsorientiertes variables Vergütungssystem honoriert.

Die Festlegung der Mindestziele ist einerseits abhängig von der Kultur des Unternehmens und andererseits von der Zielsetzung der variablen Team-Entlohnung. So kenne ich Unternehmen, die als 100-prozentige Zielmarke für den Beginn der variablen Team-Entlohnung den Vorjahreswert annehmen, während andere bereits bei einem Zielerreichungsgrad von 80 Prozent des Vorjahreswertes mit der variablen Teamvergütung beginnen.

Natürlich kann auch der Planwert für das laufende Geschäftsjahr als 100-Prozent-Zielsystem angesetzt werden. Jedoch gilt es dabei zu berücksichtigen, daß für das Verkaufsteam noch ausreichend Chancen und Freiräume bestehen müssen, diese Zielvorgabe zu überschreiten, damit ein echter Leistungsanreiz gewährleistet ist.

Sinn und Zweck der Team-Entlohnung ist, das Verkaufsteam zu herausragenden Leistungen anzuspornen. Daher darf die Zielvorgabe für den Beginn der variablen Team-Entlohnung nicht unrealistisch hoch angesetzt werden, da ansonsten Demotivation und Scheitern der Team-Entlohnung vorprogrammiert ist. Empfehlenswert ist die Festlegung der Meßkriterien auf einem 90-Prozent-Niveau. Damit wird sichergestellt, daß das Verkaufsteam bei normalem Arbeitseinsatz die festgelegten Zielgrößen erreicht und bei Leistungssteigerungen in den Genuß der variablen Team-Entlohnung, die stufenweise aufgebaut wird, kommt. Da nichts mehr motiviert als Erfolg, wird das Verkaufsteam alles daran setzen, die gemeinsam vereinbarten Grundziele zu überschreiten.

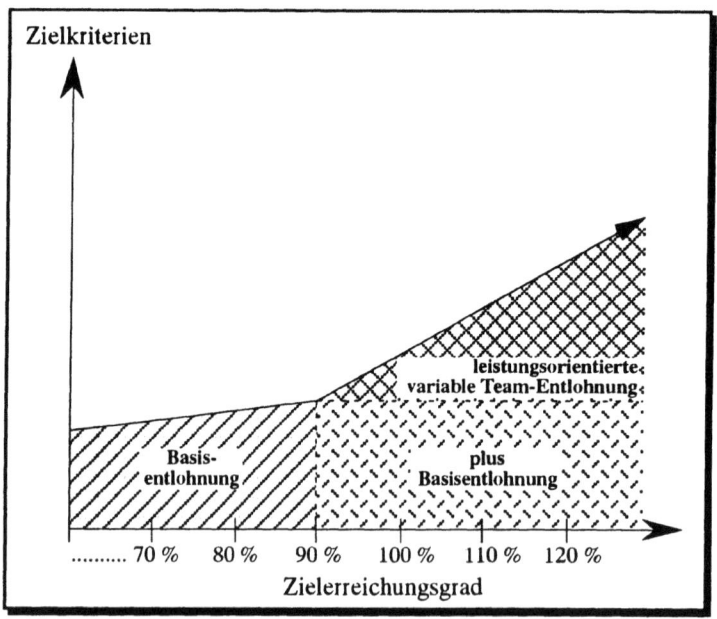

System der Team-Entlohnung

Formen der Basisentlohnung

Die Basisentlohnung für den normalen Arbeitseinsatz des Verkaufsteams ist individuell pro Mitarbeiter festzulegen, basierend auf den Stellenanforderungen, der Aufgabendurchführung, Arbeitsqualität usw. So werden in der Regel in einem Verkaufsteam die Innendienstmitarbeiter über ein Festgehalt für ihre „Grundtätigkeiten" entlohnt, während die Außendienstmitarbeiter – je nach Branche – nur über Provisionen, Fixum und Provision oder nur mit einem Festgehalt bezahlt werden.

Festgehalt

Festgehalt ist ein fest vereinbartes Einkommen, das dem Verkaufsmitarbeiter monatlich ohne direkte Abhängigkeit von seiner erbrachten Leistung ausbezahlt wird. Es unterliegt den gesetzlichen und tariflichen Bestimmungen und ist für den Verkaufsmitarbeiter ein gesichertes Einkommen mit allen sozialen Zusatzleistungen.

Für die Innendienstmitarbeiter eines Verkaufsteams ist die Entlohnung über ein Festgehalt die Regel. Im Außendienst verliert das Festgehalt als alleinige Entlohnungsform zunehmend an Bedeutung, wobei sich relativ hohe Branchenunterschiede zeigen. Tendenziell liegt im beratungsintensiven Industrieverkauf der Anteil der Außendienstentlohnung mit nur Festgehalt wesentlich höher als in der Konsum- und Gebrauchsgüterindustrie.

Die Entlohnung des Außendienstes über ein Festgehalt kann Vorteile haben, insbesondere wenn

- der Verkaufsabschluß einen hohen Anteil von qualifizierter Beratungstätigkeit erfordert,

- die Kaufentscheidung eine lange und intensive Akquisitionszeit und Verkaufsanbahnung verlang,

- dem Kunden ein besonderer Service geboten wird,

- sich Probleme bei der Messung oder Zuordnung von Verkaufsleistungen im Team ergeben,

- fehlende Möglichkeiten von Direkt- oder Sofortabschlüssen bestehen,

- neue Märkte oder Kundengruppen erschlossen werden,

- von massiver Werbung „verkaufte" Produkte ohne großen akquisitorischen Einfluß des Außendienstmitarbeiters vom Kunden nachgefragt und bestellt werden,

- eine Vertriebskostenprogression bei steigenden Umsätzen vermieden werden soll,

- neue Nachwuchsverkäufer eingesetzt werden,

- die Außendienstmitarbeiter zusätzlich zu ihrer direkten Verkaufstätigkeit Aufgaben in der Angebotsbearbeitung und Auftragsabwicklung oder sonstige Nebenaufgaben übernehmen,
- eine leichte Handhabung und Übersichtlichkeit der Abrechnung und Budgetierung gewünscht wird.

Diesen Vorteilen stehen jedoch auch gravierende Nachteile gegenüber:

- wenig Anreiz zur Steigerung der individuellen Verkaufsleistung,
- Begrenzung des Einkommens nach oben,
- keine leistungsgerechte Differenzierung, was von überdurchschnittlichen Leistungsträgern als ungerecht empfunden wird,
- progressive Kostenentwicklung bei Umsatzrückgang,
- erhöhter Aufwand zur Führung und Steuerung,
- Erschwerte Zielvereinbarungen und -kontrollen,
- Risiko trägt allein das Unternehmen.

Für den erfolgreichen Außendienstmitarbeiter ist der wichtigste Motivationsfaktor, daß er über seine individuelle Leistung die Höhe seines Basiseinkommens selbst bestimmen kann. Daher überrascht es nicht, daß sich der Anteil der Unternehmen, die ihre Außendienstmitarbeiter nur über Festgehalt entlohnen während der letzten zehn Jahre auf rund 15 Prozent halbiert hat.

Provisionssysteme

Provisionen haben für die Basisentlohnung der Außendienstmitarbeiter in einem Verkaufsteam eine sehr hohe Bedeutung. Bei allen Provisionssystemen ist das Einkommen in seiner Höhe variabel und abhängig von der Leistung des Verkäufers. Die Provision errechnet sich aus einer prozentualen Relation zur jeweiligen Bezugsgröße, die betriebsindividuell festgelegt wird (Umsatz, Deckungsbeitrag, Wertschöpfung, usw.).

Für die Einführung eines Provisionssystems in einem Team-Entlohnungsmodell sind folgende Voraussetzungen unbedingt erforderlich:

○ Die Bezugsgröße, von der die Provision errechnet wird, muß in direkter Abhängigkeit mit Leistung des Außendienstmitarbeiters stehen.

○ Die Leistung des Außendienstmitarbeiters muß anhand objektiver Kriterien eindeutig gemessen werden können.

○ Die Provisionshöhe muß dem Außendienstmitarbeiter bekannt und das System der Abrechnung transparent sein.

○ Der Außendienstmitarbeiter muß das Provisionseinkommen durch seine Leistung selbst beeinflussen können.

o Der Aufbau des Provisionssystems muß für den Außendienstmitarbeiter einen Leistungsanreiz darstellen.

Die Entlohnung der Außendienstmitarbeiter in einem Verkaufsteam ausschließlich auf Provisionsbasis wird nur von wenigen Unternehmen praktiziert, da alleiniges Provisionseinkommen nur dort seine Berechtigung hat, wo der Außendienstmitarbeit ausschließlich reine Verkaufstätigkeit ausübt. Da dieses bei einem angestellten Außendienstmitarbeiter, der in einem Verkaufsteam integriert ist, jedoch kaum zutrifft, wird bei der Team-Entlohnung der variable Provisionsanteil des Außendienstmitarbeiters in der Regel mit einem Fixum (Festgehalt) kombiniert.

Bei der Gestaltung des Provisionssystems ist neben der Festlegung der Bezugsgröße die Wahl der entsprechenden Provisionsabläufe (linear, progressiv, degressiv) von entscheidender Bedeutung.

Lineare Umsatzprovision

Die lineare Umsatzprovision ist die in der Praxis am häufigsten anzutreffende variable Vergütungsform. Bei diesem Provisionsmodell erhält der Außendienstmitarbeiter für jede Mark Umsatz einen festen gleichbleibenden Provisionssatz, unabhängig von der erzielten Umsatzhöhe.

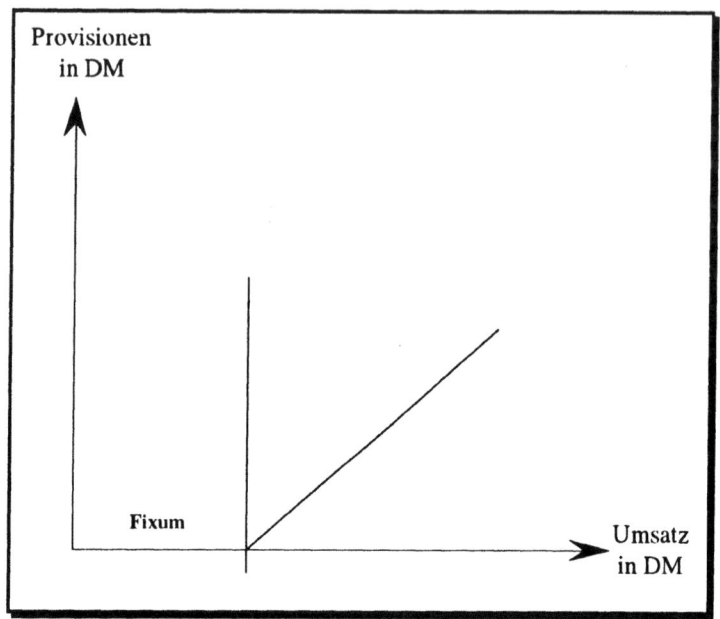

Lineare Umsatzprovision

Für die lineare Umsatzprovision sprechen folgende Vorteile:

- hoher Leistungsanreiz,

- direkte Abhängigkeit von Leistung und Einkommen,

- konstante variable Vertriebskosten,

- einfache Handhabung,

- gute Überschaubarkeit,

- reduzierter Kontrollaufwand aufgrund des Selbststeuerungseffektes über das Einkommen.

Die wesentlichen Nachteile, die gegen die lineare Verprovisionierung des Umsatzes sprechen sind:

- der Umsatz steht im Vordergrund,

- keine Ertragssteuerung,

- pauschaler Leistungsanreiz,

- Gefahr der Vernachlässigung bestimmter Produkt-, Kundengruppen und Märkte,

- Gefahr von Preis- und Hochdruckverkäufen,

- überhöhtes Einkommensniveau bei „günstigen" Markt/Kundenkonstellationen,

- hohe Einkommensunterschiede der Außendienstmitarbeiter aufgrund unterschiedlicher regionaler Marktsituationen.

Obwohl eine Vielzahl von Gründen gegen die lineare Umsatzprovision sprechen, wird dieses Modell in der Praxis häufig angewendet. Der Hauptvorteil liegt in der starken Anreizwirkung, Forcierung des Umsatzes, in der Transparenz und der einfachen Abrechnung und Kontrolle.

Progressive Umsatzprovision

Das Modell der progressiven Umsatzprovision basiert auf der Festlegung von Umsatzgrößenklassen und einer ansteigenden Provision bei Überschreiten der jeweiligen Umsatzgrößenklasse.

Umsatzgrößenklasse in DM	Provisionssatz in %
0 - 400 000	1
400 001 - 600 000	2
600 001 - 700 000	3
700 001 - 800 000	4
800 001 - 900 000	5
900 001 - 1 000 000	6
über - 1 000 001	8

Progressive Umsatzprovision

Für die Verprovisionierung der Umsatzleistung eines Außendienstmitarbeiters können zwei Varianten angewendet werden.

Variante 1: Die Verprovisionierung orientiert sich am Gesamtumsatz, das heißt, je höher der Umsatz, desto höher die Provision.

Beispiel:

Erreicht ein Außendienstmitarbeiter einen Gesamtumsatz von 995 000 DM, so wird dieser gemäß vorgenannter Tabelle mit 6 Prozent verprovisioniert. Der Außendienstmitarbeiter erhält also eine Provision in Höhe von 59 700 DM.

Sein Kollege erwirtschaftet einen Mehrumsatz von 15 000 DM und schließt das Geschäftsjahr mit 1 010 000 DM Gesamtumsatz ab. Somit erreicht er die nächste Provisionsstufe mit 8 Prozent und erhält eine Provision in Höhe von 80 800 DM. Ein schöner Einkommenssprung!

Diesen systembedingten Nachteil versucht die Variante 2 auszugleichen.

Variante 2: Hier wird jede Umsatzgrößenklasse einzeln verprovisioniert. Die progressive Provisionsstaffel bleibt bestehen, jedoch wird in diesem Modell nicht der Gesamtumsatz mit dem höheren Provisionssatz vergütet, sondern nur der entsprechende Beitrag innerhalb der jeweiligen Umsatzgrößenklasse.

Im aufgezeigten Beispiel würde nun der erste Aussendienstmitarbeiter eine Provision in Höhe von 25 700 DM erhalten; sein Kollege 26 800 DM.

Obwohl beide Varianten steigende Umsätze progressiv verprovisionieren, sind sie nicht gegeneinander austauschbar. Der Hauptvorteil der Variante 1 ist der außerordentlich starke Anreiz zur Umsatzsteigerung, beinhaltet jedoch ein erhebliches Risiko des Verkaufens um jeden Preis. Gleichzeitig werden für das Unternehmen die Umsatzsteigerungen durch die progressive Provision immer teurer. Daher Vorsicht bei der Anwendung dieser Modellvariante! Mit der

Variante 2 kann das Entlohnungssystem differenzierter und gerechter gestaltet werden, jedoch müssen – wie oben genanntes Beispiel zeigt – die Provisionssätze angehoben werden, um ein leistungsorientiertes Einkommen zu gewährleisten.

Degressive Umsatzprovision

Die degressive Umsatzprovision ist durch sinkende Provisionen bei zunehmenden Umsätzen gekennzeichnet.

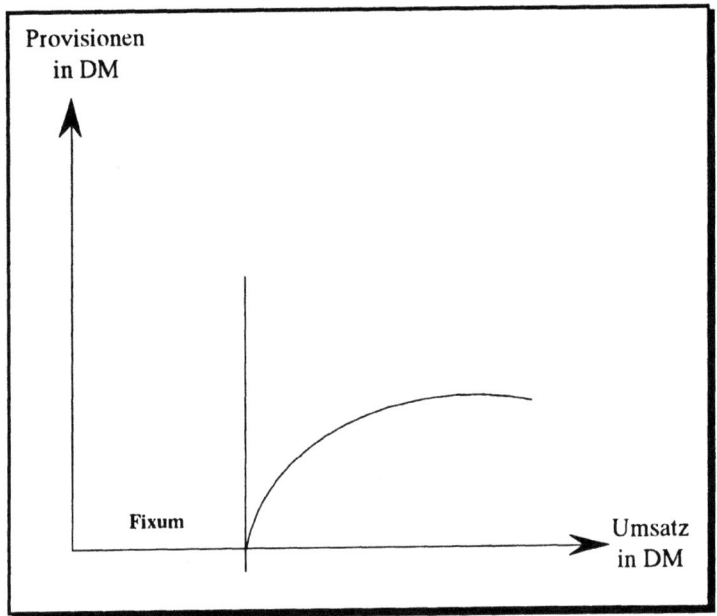

Degressive Umsatzprovision

Mit steigender Umsatzleistung stagnieren oder sinken die Provisionen, was sicherlich keinen besonderen Leistungsanreiz bietet. Daher wird dieses Modell in Reinkultur in der Praxis auch sehr selten angewendet. Sinnvoll kann jedoch eine Kombination von linearer und degressiver Umsatzverprovisionierung sein, um überhöhte Provisionseinkünfte abzuschwächen.

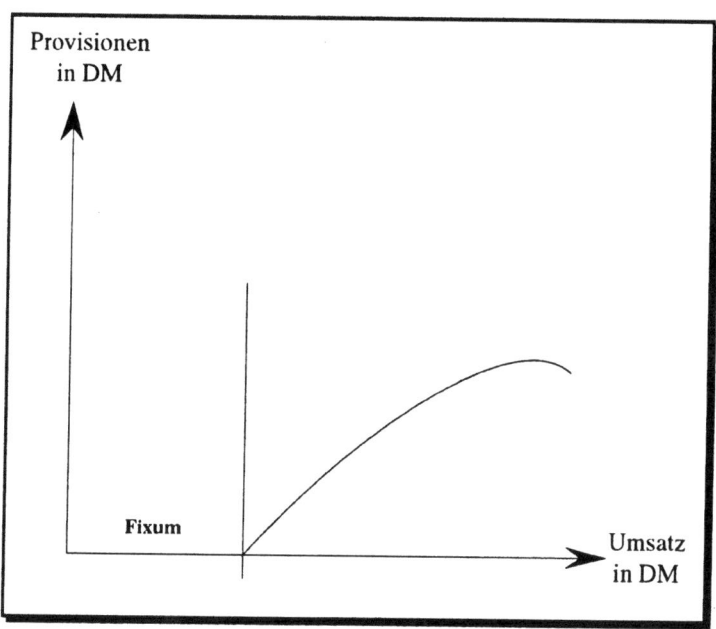

Kombination von linearer und degressiver Umsatzprovision

Differenzierte Umsatzprovision

Bei diesem Modell werden unterschiedliche Provisionssätze für

- Produktgruppen
- Kundengruppen
- Verkaufsregionen

- Auftragsgrößen

- Saisonzeiten

festgelegt. Die Provisionskurven können linear oder progressiv verlaufen.

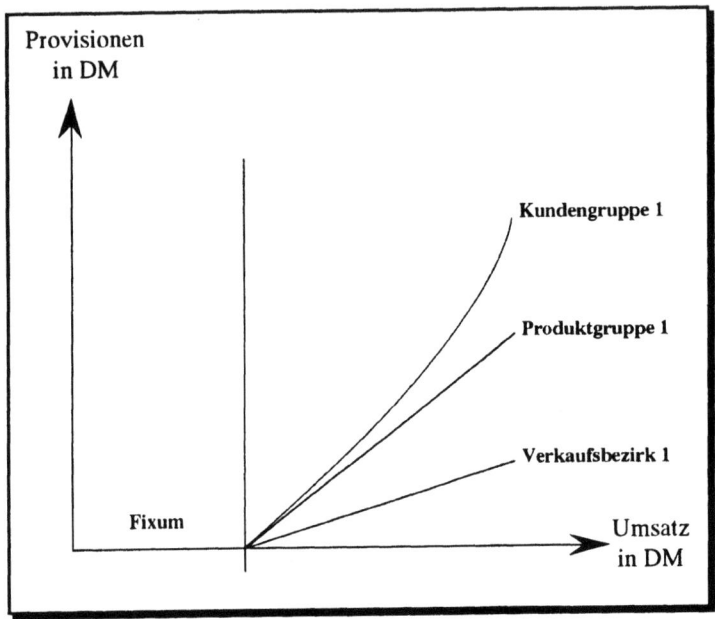

Differenzierte Umsatzprovision mit linearem und progressivem Verlauf

Das System der differenzierten Umsatzprovision eröffnet die Möglichkeit der individuellen Steuerung des Außendienstes nach Produktgruppen, Kundengruppen, usw. Jedoch sind in der Praxis die Einsatzmöglichkeiten begrenzt, da unter Berücksichtigung der

Transparenz, Überschaubarkeit und Handhabung nicht mehr als drei Meßkriterien anwendbar sind. Die Kombination dieses Systems mit dem klassischen linearen oder progressiven Provisionsmodell kann Vorteile bringen, indem ein besonderes Meßkriterium zusätzlich herausgehoben und individuell belohnt wird.

Deckungsbeitragsprovision

Entlohnungsmodelle, die den Deckungsbeitrag als Bezugsgröße wählen, veranlassen den Außendienstmitarbeiter kostenbewußt und gewinnorientiert zu verkaufen, da seine Provision direkt vom erzielten Deckungsbeitrag abhängt.

Der Deckungsbeitrag ist die Differenz aus Umsatz und variablen Kosten, die zur Deckung der fixen Unternehmenskosten sowie zur Gewinnerzielung benötigt wird.

> Bruttoumsatz
> ./. Erlösschmälerung (Rabatte, Skonti, Boni)
>
> Nettoumsatz
> ./. Materialeinsatz
>
> Deckungsbeitrag I (Wertschöpfung)
> ./. Variable Herstellkosten
>
> Deckungsbeitrag II
> ./. Direkt zurechenbare Kosten (Verkauf, Kfz, Werbung, Frachten, usw.)
>
> Deckungsbeitrag III
> ./. Verwaltungsfixkosten
> ./. Produktionsfixkosten
> ./. Vertriebsfixkosten
>
> Deckungsbeitrag IV (Unternehmensgewinn)

Deckungsbeitragsrechnung

Da der Außendienstmitarbeiter die variablen Kosten teilweise beeinflussen kann, werden diese in das Entlohnungssystem auf Deckungsbeitragsbasis mit einbezogen. Mit der Deckungsbeitragsprovision wird somit die wesentliche Schwachstelle der reinen Umsatzprovision beseitigt.

Die Honorierung richtet sich nach den jeweils erzielten Deckungsbeiträgen bzw. der jeweiligen Erreichung/Überschreitung der Zielvorgaben, wobei die Möglichkeit besteht, unterschiedliche Provisionssätze auf Produktgruppen, Kundengruppen und Verkaufsregionen oder auf den Grad der Zielerreichung festzulegen.

Obwohl die Einführung eines deckungsbeitragsorientierten Entlohnungssystems betriebswirtschaftlich logisch und sinnvoll ist, ergeben sich in der Praxis relativ hohe Probleme in der Durchsetzung dieses Vergütungssystems. Vorwiegend sind hierfür folgende Gründe ausschlaggebend:

o Die Einführung eines deckungsbeitragsorientierten Entlohnungssystems erfordert ein voll ausgebautes, EDV-gestütztes Kostenrechnungssystem, um alle notwendigen Zahlen und Fakten zu erfassen, aufzubereiten und transparent zu machen. Hierzu sind viele Unternehmen – insbesondere Mittel- und Kleinbetriebe – heute noch nicht in der Lage.

o Viele Unternehmen wollen ihre Deckungsbeiträge dem Aussendienst nicht bekanntgeben, da die berechtigte Sorge besteht, daß diese Daten früher oder später bei der Konkurrenz landen.

o Die deckungsbeitragsorientierte Entlohnung erfordert einen laufenden Anpassungsaufwand, der vielen Unternehmen zu hoch erscheint.

o Die Außendienstmitarbeiter verstehen nicht mit den Deckungsbeiträgen umzugehen. Ihnen fehlt damit der unmittelbare Leistungsanreiz.

Gut funktionierende Entlohnungsmodelle auf Deckungsbeitragsbasis sind daher heute in der Praxis noch wenig verbreitet, werden in der Zukunft jedoch an Bedeutung gewinnen.

Zusammenfassung

Die Basisentlohnung honoriert den individuellen Arbeitseinsatz der Teammitglieder nach Arbeitseinsatz, Ausbildung und Arbeitsqualität. Die Innendienstmitarbeiter einer Verkaufsteams werden in der Regel über ein Festgehalt für ihre Grundtätigkeiten bezahlt, während die Außendienstmitarbeiter zweckmäßig über Fixum und Provision für ihren normalen Arbeitseinsatz entlohnt werden. Erzielt ein Außendienstmitarbeiter sein variables Einkommen ausschließlich über Umsatzprovisionen, was heute in der Praxis vielfach anzutreffen ist, steigt die Gefahr, daß der Umsatz über den Preis hochgetrieben wird. Dieses kann bei ungenügenden Kontrollen dazu führen, daß dem Kunden gegenüber hohe Preis- und Konditionenzugeständnisse gemacht werden, ohne Rücksicht auf den Gewinn des Unternehmens. Die deckungsbeitragsorientierten Entlohnungsmodelle schalten diesen Nachteil aus. Voraussetzung für die Einführung von Deckungsbeitragsprovisionen sind ein ausgebautes Kostenrechnungssystem und die detaillierte Aufbereitung und Offenlegung der Kalkulationsdaten. Davor scheuen sich – sicherlich nicht unbegründet – viele Unternehmer. Daher sind gut funktionierende Entlohnungsmodelle auf Deckungsbeitragsbasis heute noch eher eine Seltenheit.

Die variable Team-Entlohnung

Höchstleistungen werden in einem echten Verkaufsteam gemeinsam erbracht! Der kundenorientierte Innendienst unterstützt seinen Außendienstpartner aktiv durch besuchsvorbereitende Aufgaben sowie in der Verkaufsförderung, Kundenberatung und -betreuung. Diese Strategie senkt nicht nur die Vertriebskosten, sondern bindet den Innendienst in die aktive Kundenbearbeitung ein und schafft für den Außendienst neue Freiräume in der Intensivierung wichtiger Stammkunden und Gewinnung neuer Kunden, was insgesamt den Umsatz und Ertrag des Unternehmens erhöht.

Die gemeinsame Zielsetzung, den Verkaufserfolg zu steigern und die wechselseitige Übernahme von Verantwortung und Aufgabenerfüllung, steigern das Engagement und die Leistungsbereitschaft aller Teammitglieder, da sie wissen, daß der Erfolg nur gemeinsam erreicht werden kann. Die Erreichung, beziehungsweise Überschreitung der Verkaufsziele löst beim Innen- und Außendienst hohe Erfolgserlebnisse aus, was die wichtigste Quelle für neue Leistungssteigerungen ist.

Natürlich muß in einem solchen Verkaufsteam jeder finanziell am Erfolg beteiligt werden. Ein echtes Team-Entlohnungsmodell muß daher, neben der Basisentlohnung, mit der die individuelle Leistung der Innen- und Außendienstmitarbeiter gemäß ihrer Aufgabenerfüllung honoriert wird, eine variable Entlohnungskomponente enthalten, die die Leistung des Verkaufsteams als Ganzes finanziell belohnt.

Die variable Team-Entlohnung

- fördert das gemeinsame Interesse und Engagement,
- aktiviert die Synergien zwischen Innen- und Außendienst,
- steigert die Leistungsbereitschaft und den gemeinsamen „Siegeswillen",
- erhöht die Disziplin und die gegenseitige Verantwortlichkeit im Team,
- sensibilisiert zur gemeinsamen Zielerreichung.

Die **variable Team-Entlohnung** kann über

- ein Provisionssystem oder
- eine Prämienregelung

erfolgen. Die Vorgehensweise beider Entlohnungsmodelle wird nachfolgend dargestellt.

Bestimmung der Bemessungsgrundlage

Die Einführung der variablen Team-Entlohnung erfordert die Festlegung der Bemessungsgrundlagen und deren Kombinationsmöglichkeiten. Da jede Team-Entlohnung ein firmenspezifisches Individuum ist, kann hier kein allgemeingültiges Rezept, sondern nur Anregungen gegeben werden.

Unabhängig von der Ausgestaltung des Vergütungssystems müssen die Parameter der Bemessungsgrundlagen, wie beispielsweise

- Umsatz,
- Wertschöpfung,
- Deckungsbeitrag,
- Auftragsergebnis,
- Neukundenumsatz,
- Erhöhung Stammkundenumsatz,
- Reklamationsquote,
- Lagerkosten,
- Kundenzufriedenheit,
- Teamverantwortung

festgelegt und mit den Zielen des Unternehmens sowie den technischen Abwicklungsmöglichkeiten abgestimmt werden.

In der Praxis ist es häufig sinnvoll, mehrere Komponenten in das Team-Entlohnungssystem einzubeziehen. Will ein Unternehmen beispielsweise seinen Ertrag steigern, so erscheint auf den ersten Blick ein Ertragskriterium als Bemessungsgrundlage zweckmäßig. Dieses kann jedoch zu Konflikten und falschen Entscheidungen führen, wenn das Verkaufsteam Aufträge aus Kosten- beispielsweise. Ertragsgründen ablehnt, die Kapazität des Betriebes aber ausgelastet werden muß. Der Schlüssel zur Lösung kann eine Kombination der Bemessungskriterien Umsatz und Ertrag als Basis der variablen Team-Entlohnung sein.

Um die Überschaubarkeit der variablen Team-Entlohnung zu gewährleisten, sollten in einem Entlohnungsmodell drei, maximal fünf Bemessungskriterien eingebaut werden. Bei der Auswahl der Meßkriterien ist darauf zu achten, daß neben Umsatz und Ertragskriterien auch Faktoren, die von der Tätigkeit des Außendienstes nicht direkt abhängen, in die Team-Entlohnung einbezogen werden, wie beispielsweise Reklamationsquote, Lagerkosten, Erhöhung Stammkundenumsatz, Kundenzufriedenheit und Teamverantwortung.

Durch die variable Team-Entlohnung wird es eigentlich erst möglich, Bemessungskriterien zu berücksichtigen und über finanzielle Anreize zu belohnen, die bisher in den klassischen Außendienstentlohnungssystemen, die auf Umsatz- und Deckungsbeitrag basieren, nicht aufgenommen werden konnten.

Sofern das Kriterium Kundenzufriedenheit in die Bemessungsgrundlagen der Team-Entlohnung eingebunden wird, müssen objektiv nachvollziehbare Meßkriterien aufgebaut werden, um die Kundenzufriedenheit festzustellen. Instrumente hierzu sind regelmäßig durchgeführte Kundenbefragungen, verdecktes Einkaufen, Servicebesprechungen mit Kunden, Befragung von neuen, abwandernden und ehemaligen Kunden, Kundenreklamationen usw.

Jedes kundenorientierte Unternehmen sollte dieses Meßkriterium in sein Team-Entlohnungsmodell einbauen. In der Bundesrepublik Deutschland wird derzeit zwar viel über Kundenorientierung geschrieben und diskutiert, die Praxis sieht jedoch teilweise düster aus. Einige Unternehmen experimentieren an Modellen zur Messung der Kundenzufriedenheit, aber als echtes Entlohnungskriterium in einem Team-Entlohnungsmodell hat es noch keine Bedeutung.

Um den gemeinsamen Arbeitseinsatz im Verkaufsteam zu fördern, sollte in einem Team-Entlohnungsmodell das Kriterium „Teamverantwortung" mit in den Bewertungskatalog eingeführt werden. Über dieses Kriterium werden individueller Leistungseinsatz, die Einsatzbereitschaft, die Fähigkeit zur Zusammenarbeit sowie die Informations- und Kommunikationsbereitschaft jedes Teammitgliedes bewertet und belohnt. Es kann nämlich nicht angehen, daß ein Mitarbeiter eines Verkaufsteams regelmäßig um 16 Uhr seinen Arbeitsplatz verläßt, während seine Kollegen dafür sorgen, daß die notwendigen Arbeiten termingerecht erledigt werden. Damit ein solches Verhalten nicht zur Demotivation im gesamten Verkaufsteam führt, muß eine Möglichkeit geschaffen werden, diesen Mitarbeiter über die Team-Entlohnung zu sanktionieren.

Die „Teamverantwortung" wird von den Teammitgliedern selbst über einen Kriterienkatalog festgestellt. Dazu beurteilen sich die Teammitglieder nach einem Punktsystem gegenseitig in ihrer Leistungsfähigkeit und in ihrem Beitrag zu Zielerreichung.

Ersteller: _____				Datum: _____						
Beurteilter: _____										
Provision	**Erfüllungsgrad**									
	1	2	3	4	5	6	7	8	9	10
• Teamfähigkeit										
• Einsatzbereitschaft										
• Arbeitsqualität										
• Arbeitsdurchführung										
• Problemlösungsfähigkeit										
• Initiative										
• Informationsaustausch										
• Ordnung										
• Pünktlichkeit										
• Freundlichkeit										
Gesamtpunktezahl										
Maximalpunktezahl	100									

Beurteilungsbogen zur Ermittlung der Leistungsfähigkeit in der Gruppe

Sofern ein Teammitglied eine festgelegte Mindestpunktzahl (zum Beispiel 80 Prozent der Maximalpunktzahl) nicht erreicht, erhält es keine Prämie für dieses Bewertungskriterium. In der Konsequenz bedeutet dies, daß die übrigen Teammitglieder eine höhere Vergütung für ihren verstärkten Leistungseinsatz erhalten.

Die Bemessungskriterien sind nach betriebsindividuellen Gesichtspunkten zu kombinieren. In der Praxis haben sich für die variable Team-Entlohnung folgende Differenzierungsmöglichkeiten als sinnvoll herausgestellt:

- gesamt,
- nach Produktgruppen,
- nach Kunden/-gruppen,
- nach Regionen,
- nach Vertriebswegen.

Die für eine Team-Entlohnung sinnvollen Kombinationsmöglichkeiten werden nachfolgend dargestellt. Dabei handelt es sich um eine Praxiserfahrung, die im konkreten Anwendungsfall spezifisch angepaßt werden kann.

In der Praxis muß die Auswahl der Kombinationsmöglichkeiten auf das technisch Machbare und wirtschaftlich Sinnvolle beschränkt werden. Natürlich ist es verlockend, eine möglichst hohe Feinsteuerung der Verkaufsteams über eine tiefe Gliederung und Kombination der Bemessungskriterien zu erreichen, aber die Erfahrung zeigt, daß solche Entlohnungssysteme von den Verkaufsteams nicht angenommen werden, da sie als zu komplex und nicht ausreichend überschaubar empfunden werden. Beim Aufbau eines Team-Entlohnungsmodells sollten Sie sich daher – insbesondere in der Einführungsphase – ausschließlich auf die wesentlichen Kernkriterien konzentrieren. Weniger ist hier mehr!

Bemessungs-grundlage	Kombinationsmöglichkeiten				
	ge-samt	Produkt-gruppen	Kunden-gruppen	Regionen	Ver-triebs-wege
• Umsatz	X	X	X	X	X
• Wertschöpfung	X	X	X	X	X
• Deckungsbeitrag	X	X	X	X	X
• Auftragsergebnis	X	X	X	X	X
• Neukundenumsatz	X				
• Erhöhung Stammkun-denumsatz	X				
• Reklamationsquote	X				
• Lagerkosten	X	X			
• Kundenzufriedenheit	X				
• Teamverantwortung	X				

Bemessungsgrundlagen und deren Kombinationsmöglichkeiten

Da die Wahl der Bemessungsgrundlagen grundsätzlich von den Zielen des Unternehmens abhängig ist, sollten diese vor Einführung der Team-Entlohnung diskutiert und festgelegt werden. Denn sie entscheiden aus betrieblicher Sicht über die Vor- und Nachteile der jeweiligen Bemessungsgrundlagen. So wird beispielsweise bei einer sehr hohen Gewinnorientierung die zukünftige Team-Entlohnung auf der Basis Wertschöpfung, Deckungsbeitrag oder Auftragsergebnis vorteilhaft sein, während bei der vorrangigen Zielsetzung

„Gewinnung von Marktanteilen" die Entlohnung auf der Basis des Umsatzes Vorteile bieten kann.

Natürlich kann die Team-Entlohnung auf Basis des Umsatzes und/oder Ertrages in einem speziellen Fall sinnvoll sein; die Regel ist es jedoch nicht. Die Konzentration auf Umsatz und Ertrag beinhaltet grundsätzlich die Gefahr, daß die Team-Entlohnung den Druckverkauf fördert und der Service am Kunden vernachlässigt wird. Daher sollte ein Unternehmen, das auf Kundenservice ausgerichtet ist, in das Team-Entlohnungsmodell unbedingt ein Kriterium, das die Kundenzufriedenheit fördert, einbauen. Die Auswahl der Bemessungskriterien ist also direkt abhängig von Ihrer Marketingstrategie.

Prüfen Sie daher vor Festlegung der Bemessungskriterien die Bedeutung und Prioritäten Ihrer Verkaufsziele, denn die Team-Entlohnung muß die Strategie Ihres Unternehmens verstärken. Nehmen Sie dazu die Übersicht auf der folgenden Seite zur Hilfe.

Ziele	Bedeutung			Begründung
	sehr wichtig	wichtig	weniger wichtig	
• Umsatz/Marktanteile steigern				
• Wertschöpfung verbessern				
• Erträge erhöhen				
• Lagerkosten senken				
• Reklamationskosten senken				
• Neue Kunden/ Märkte gewinnen				
• Kundenzufriedenheit erhöhen				
• Motivation im Team fördern				

Zielprioritäten im Verkauf

In der betrieblichen Beratung haben wir gute Erfahrungen damit gemacht, in die leistungsorientierte Teamvergütung auf jeden Fall Umsatz- und Ertragskriterien einzubauen.

Darüber hinaus sollten – je nach Erfordernis des Unternehmens – ein bis zwei weitere Bewertungskriterien, wie zum Beispiel

- Senkung des Fertigwarenlagerbestandes,
- Senkung der Reklamationskosten,
- Kundenzufriedenheit,
- Teamverantwortung,

hinzugenommen werden.

Sofern ein teamorientiertes Vergütungsmodell mehrere Bemessungskriterien umfaßt, ist die Gewichtung der einzelnen Faktoren über ein Punkt-Bewertungssystem zu regulieren. Die Kombination und Gewichtung richtet sich nach der individuellen Unternehmenssituation.

Bemessungskriterien	**Gewichtung**
Umsatz	40 Punkte
Ertrag	40 Punkte
Teamverantwortung	20 Punkte
Gesamt	**100 Punkte**

Beispiel 1

Bemessungskriterien	Gewichtung
Umsatz	40 Punkte
Senkung Lagerkosten	20 Punkte
Kundenorientierung	20 Punkte
Teamverantwortung	20 Punkte
Gesamt	**100 Punkte**

Beispiel 2

Vor- und Nachteile der umsatz- und ertragsorientierten Bemessungskriterien

Ausgehend von der praktischen Erfahrung, daß die Gewinnoptimierung eine sehr hohe Priorität in jedem Unternehmen hat, werden nachfolgend die Vor- und Nachteile der Bemessungskriterien

– Umsatz,

– Wertschöpfung,

– Deckungsbeitrag und

– Auftragsergebnis

dargestellt.

Das Abwägen der Vor- und Nachteile der einzelnen Bemessungsgrundlagen, die von jedem Unternehmen spezifisch festgelegt werden, führt zur Festlegung der Bemessungskriterien.

Bemessungs-grundlage	Vorteil	Nachteil
Umsatz	• Umsatzdenken; Forcierung des Auftragseinganges • Bei Differenzierung nach Produkt-, Kundengruppen und Zielerreichungsgrad können Teilziele zur Steuerung eingebaut werden • Die progressive Gestaltung der Verprovisionierung steigert den materiellen Leistungsanreiz bei hohen Zielerreichungsgraden • Übersichtlichkeit und hohe Transparenz für die Mitarbeiter • Einfache Handhabung in der Administration	• Summarische Entlohnung; bei pauschaler Verprovisionierung werden Einzelzielsetzungen und Anforderungsstrukturen nicht transparent und können nicht differenziert entlohnt werden • „Basisumsätze" werden bei linearer Verprovisionierung gleich hoch bewertet wie Steigerungen; dadurch teilweise fehlender Motivationsanreiz zur Leistungssteigerung • Keine Ertragsorientierung
Wertschöpfung	• Die Wertschöpfung als erste Deckungsbeitragsstufe ist vom Verkauf beeinflußbar; alle nicht beeinflußbaren Kosten werden ausgeschlossen • Ertragsorientierte Gesichtspunkte können berücksichtigt werden, wenn eine SOLL-Wertschöpfung in DM bzw. ein Wertschöpfungsgrad festgelegt wird und auf dieser Zielbasis die Entlohnung aufgebaut wird. Über den Zielerreichungsgrad kann die er-	• Bei reiner Festlegung der Provision auf dem tatsächlichen Wertschöpfungsbetrag werden zwar die Materialkosten aus der variablen Entlohnung herausgenommen, ansonsten erfolgt jedoch auch – wie auf Basis des Umsatzverfahrens – eine summarische, pauschale Entlohnung ohne echte Ertragsorientierung • Bei der pauschalen Verprovisionierung der Gesamt-

Vor- und Nachteile der Bemessungsgrundlagen

Bemessungs-grundlage	Vorteil	Nachteil
Wertschöpfung (Fortsetzung)	tragsorientierte Komponente eingebaut werden • Differenzierungsmöglichkeiten nach Produkt-, Kundengruppen, etc. möglich; ebenso die progressive Gestaltung des Systems • Kenntnis der Wertschöpfung für die Verkaufsverhandlung sinnvoll, aber nicht Bedingung. Grundsätzlich besteht hierbei ein geringes Risiko, daß der Verkauf vorschnell einen Auftrag aus Ertragsgesichtspunkten ablehnt • Transparenz und Übersichtlichkeit in der Abrechnung verlangt die Offenlegung der SOLL- und IST-Wertschöpfung pro Auftrag • Keine besonderen Kenntnisse der Verkaufsmitarbeiter für die Handhabung des Systems notwendig • Die Wertschöpfung ist eine Bezugsgröße, deren Offenlegung kein hohes unternehmerisches Risiko beinhaltet hinsichtlich Bekanntwerden gegenüber dem Wettbewerb	wertschöpfung werden Einzelzielsetzungen und Anforderungskriterien nicht transparent und können nicht differenziert entlohnt werden • Die betriebswirtschaftlichen Voraussetzungen müssen für die Abrechnung auf Basis der Wertschöpfung vorliegen • Aufwendungen in der administralen Abwicklung steigen

Vor- und Nachteile der Bemessungsgrundlagen

Bemessungs-grundlage	Vorteil	Nachteil
Deckungs-beitrag	• Ertragsorientiertes Denken und Handeln der Verkaufsmitarbeiter steht im Vordergrund • Einholung der Aufträge über den Preis wird tendenziell zurückgehen • Produkte mit hoher Deckungsbeitragsintensität werden forciert • Eigenverantwortung und -kontrolle wird erhöht • Verkaufsmitarbeiter können größere Entscheidungsspielräume erhalten • Die allgemeinen Verkaufsfunktionen, wie Besuchs- und Tourenplanung, Bewirtung, Telefonkosten, Entwicklungs-, Verwaltungskosten, etc. sind von der Kostenseite zielgerichteter zu beeinflussen • Verbesserungen des Verhältnisses zwischen Verkaufsmitarbeiter und Vertriebsleitung, da beide Gruppen mit der gleichen Zielsetzung arbeiten	• Der Deckungsbeitrag ist von vielen flexiblen Kostengrössen und -einflüssen abhängig und ändert sich fortlaufend • Es kann zu Konflikten und falschen Entscheidungen kommen, wenn der Verkauf Aufträge aus Kostengründen ablehnt, die Kapazität des Betriebes aber ausgelastet werden muß. Die ausschließlich deckungsbeitragsorientierte Sicht pro Auftrag bedingt ein Risiko für das Unternehmen • Der gesamte Bereich der direkt variablen Fertigungskosten kann vom Verkauf nicht beeinflußt werden. Aufträge, die durch ein negatives technisches Ergebnis einen geringen oder gar negativen Deckungsbeitrag erwirtschaften, führen somit bei der Provisionsabrechnung zu Diskussionen • Die Information des Außendienstes über die einzelnen Deckungsbeiträge der Produkte kann unternehmenspolitische Risiken dem Wettbewerb gegenüber bedeuten

Vor- und Nachteile der Bemessungsgrundlagen

Bemessungs-grundlage	Vorteil	Nachteil
Deckungs-beitrag (Fortsetzung)		• Es müssen die betriebswirtschaftlichen Voraussetzungen für eine vollständige Deckungsbeitragsrechnung vorliegen • Der administrative Aufwand steigt • Die Verkaufsmitarbeiter benötigen das betriebswirtschaftliche Rüstzeug aus Theorie und Praxis sowie die Bereitschaft, mit Deckungsbeitragssystemen zu hantieren
Auftrags-ergebnis	• Ertragsorientierung im Verkauf steigt nochmals gegenüber der deckungsbeitragsorientierten Sicht • Einholung der Aufträge über den Preis sinkt • Aufträge mit negativem Ergebnis werden eliminiert bzw. nicht akquiriert • Volle Kenntnis des Verkaufs über die Ergebnissituation der Aufträge	• Die ausschließliche Gewinnorientierung pro Auftrag kann zu hohen Konflikten und Problemen führen hinsichtlich Auftragseingang, Kapazitätsauslastung • Die Verkaufsmitarbeiter sehen ausschließlich den Gewinn des Einzelauftrages. Die Gesamtsicht zur Deckung der Unternehmensfixkosten über die Menge der Aufträge fehlt • Die Situation vieler ertragsschwachen Aufträge kann zu einer Demotivierung im Verkauf führen

Vor- und Nachteile der Bemessungsgrundlagen

Bemessungs-grundlage	Vorteil	Nachteil
Auftrags-ergebnis (Fortsetzung)		• Das Auftragsergebnis wird von vielen Kostengrößen beeinflußt, auf die der Verkauf keinen Einfluß hat • Die Bekanntgabe des Auftragsergebnisses birgt hohe unternehmenspolitische Risiken gegenüber Wettbewerb und auch Kunden • Administrativer Aufwand in der Abrechnung steigt

Vor- und Nachteile der Bemessungsgrundlagen

Provision oder Prämie

Bei der Einführung eines neuen Teamvergütungssystems stellt sich sehr schnell die Frage: „Provision oder Prämie?". Die nachfolgende Gegenüberstellung zeigt die Unterschiede beider Entlohnungsformen auf.

Kriterien	Provision	Prämie
Definition	Die Provision ist grundsätzlich als Prozentwert auf Basis Umsatz, Deckungsbeitrag, etc. festgeschrieben und wird Ende einer Abrechnungsperiode in absoluten DM-Beträgen berechnet.	Eine Prämie wird als absoluter DM-Betrag festgelegt, der nach genau definierten Zielerreichungsgraden ausgeschüttet wird.
Anwendung	Die Provision ist nur dann einsetzbar, wenn die Bezugsgröße einen absoluten Geldbetrag angibt, z. B. in Prozent von DM-Umsätzen oder in Prozent von DM-Wertschöpfungsbeiträgen, etc.	Da die Prämie in absoluten Geldbeträgen festgelegt wird, kann sie überall gewählt werden, z. B. auch bei der Neukundengewinnung, Bewertung der Teamleistung, etc.
Beispiel	Zielerreichungsgrad in % / Provision auf IST-Zielerreichungsgrad in % ab 80 % — 1,0 % ab 90 % — 1,5 % ab 100 % — 2,0 % ab 110 % — 4,0 % Die Provision orientiert sich am Grad der Zielerreichung des festgelegten Bemessungskriteriums.	Zielerreichungsgrad in % / Provision auf IST-Zielerreichungsgrad in % ab 80 % — 2 000 DM ab 90 % — 5 000 DM ab 100 % — 10 000 DM ab 110 % — 20 000 DM Die Prämie legt von vornherein einen bestimmten Geldbetrag für die Erreichung der festgelegten Ziele fest.

Die Wahl zwischen Prämie und Provision hängt letztendlich von den entlohnungspolitischen Zielsetzungen des Unternehmens ab. In der variablen Außendienstentlohnung ist die Provision die Regel; teilweise gekoppelt mit Prämien für die Erreichung bestimmter Ziele, wie etwa Gewinnung neuer Kunden, Rückgewinnung abgesprungener Kunden, Abschluß von Rahmenbedingungen, Überschreitung von Umsatz- und Ertragsvorgaben, etc. Die leistungsgerechte Team-Entlohnung kann sowohl auf der Provisions- als auch auf der Prämienbasis erfolgen.

Die Berechnung der variablen Teamvergütung auf Provisionsbasis erfolgt nach dem klassischen Verfahren über eine prozentuale Relation zur jeweiligen Bezugsgröße. Der Vorteil der Prämie ist ein klar definierter Geldbetrag, der je nach Zielerreichungsgraden in definierten Leistungsstufen an das Verkaufsteam ausgeschüttet wird.

Über ein Prämiensystem können sowohl die Hauptbemessungskriterien Umsatz und Ertrag entlohnt werden als auch weitere Bemessungskriterien. Denkbar sind Prämien für folgende Bereiche:

- Forcierung neuer Produkte
- Forcierung von Aktions- und Saisonartikeln
- Verbesserung der Auftragsstruktur
- Gewinnung neuer Kunden
- Erhöhung des Umsatzes bei Stammkunden
- Senkung der Vertriebskosten

Die Entlohnung der Kriterien „Kundenzufriedenheit" und „Teamverantwortung" kann nur über eine Prämie und einen festgelegten Auszahlungsmodus erfolgen.

Sofern die Team-Entlohnung auf der Provisionsbasis aufgebaut wird, ist zu berücksichtigen, daß aufgrund der relativen Höhe der Provision der beabsichtigte Motivations- und Leistungsschub eventuell verfehlt wird, da auf den ersten Blick der Provisionsanteil sehr gering erscheint, obwohl tatsächlich in der Summe ein interessantes Zusatzeinkommen erreicht werden kann. Dieses muß den Teammitgliedern auf jeden Fall erklärt und vorgerechnet werden.

Beispiel:

Will ein Unternehmen mit einem Umsatz von 100 Mio DM für die Verkaufsteams im Innendienst einen Betrag von 100 000 DM bei Erreichung der Zielvorgaben ausschütten, entspricht dieses einer Provision von 0,1 Prozent. Die Höhe der Provision kann psychologisch auf die Verkaufsteams nachteiliger wirken als der absolute Prämienbetrag in Höhe von 100 000 DM.

Die Vorteile der Prämie gegenüber der Provision bei der Team-Entlohnung sind:

o Arbeiten mit vielfältigen Leistungsvorgaben (Umsatzziele, Ertragskriterien, Marktanteil, Neukunden, Auftragsstruktur, etc.)

o Konzentration der variablen Vergütung auf die vom Team zu beeinflussenden Faktoren o Anreiz zu Spitzenleistungen im Team

o Berücksichtigung unterschiedlicher Ausgangssituationen (Umsatzvolumen, Kundenstruktur etc.) in den einzelnen Verkaufsteams

o Einkommensentwicklungen können besser gesteuert werden

o Vermeidung von ungerechtfertigten überproportionalen Einkommensentwicklungen

o Höhere Einkommensgerechtigkeit

Vergütungsmodelle

Lineare und progressive Verprovisionierungsmodelle

Bei den linearen Provisionen handelt es sich um eine summarische Entlohnung des Verkaufsteams nach den festgelegten umsatz- und ertragsbezogenen Kriterien.

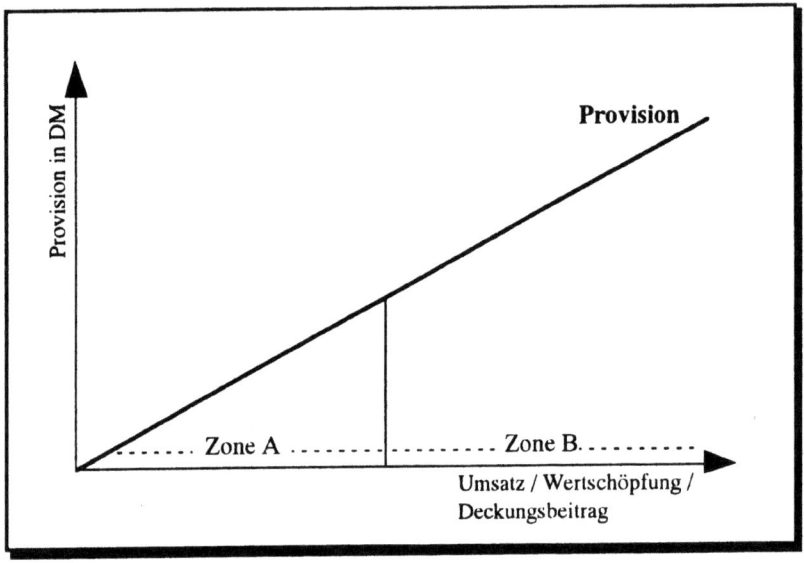

Die lineare variable Entlohnung ist überschaubar und einfach zu handhaben. Gegen dieses Entlohnungsmodell spricht, daß die Provision in der Leistungszone A aufgrund des Images und Bekanntheitsgrades eines Unternehmens im Prinzip diese Umsätze ohne akquisitorische Anstrengungen des Verkaufsteams auf das Unternehmen zukommen. Dagegen muß das Verkaufsteam in der Leistungszone B seine Aktivitäten verstärken. Da die Provision jedoch linear verläuft, wird im oberen Leistungsbereich im Vergleich zu den relativ hohen Verkaufsanstrengungen nur ein geringer Einkommenszuwachs erzielt und kann somit leistungshemmend wirken.

Dieser Nachteil der linearen Provisionsgestaltung kann wesentlich verbessert werden durch eine progressiv steigende Provisionsvereinbarung. Zielsetzung dabei ist, die Basismessung in Zone A relativ gering zu verprovisionieren und bei hohen Zielerreichungsgraden einen erheblich höheren materiellen Leistungsanreiz zu bieten.

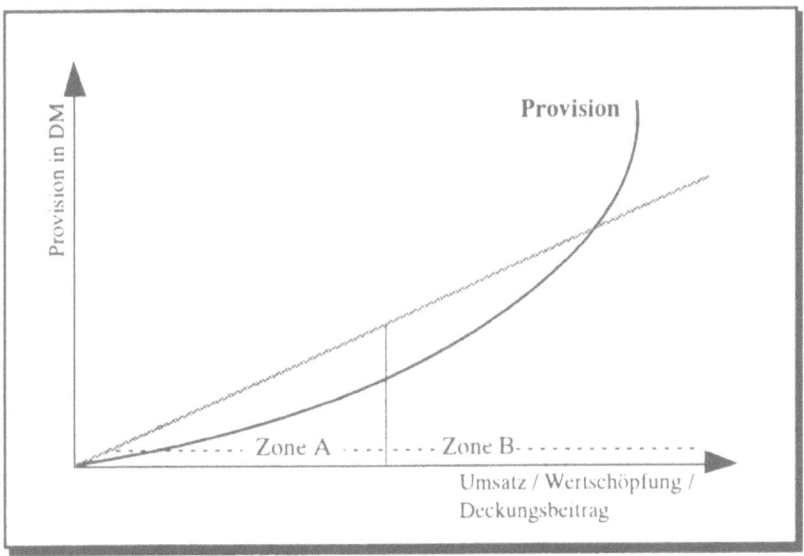

Der progressive Provisionsverlauf bedingt einen höheren Leistungsanreiz in der Zone B, da das Einkommen mit den Leistungseinheiten steigt. Dieses Entlohnungsmodell beinhaltet jedoch das Risiko, daß sich mit starker Steigerung der Bemessungskriterien das Einkommen der Verkäufer überdimensional entwickelt. Sinnvoll ist daher, dem progressiven Provisionsverlauf nach Erreichen einer festgelegten Zielgröße degressiv auslaufen zu lassen.

Differenzierte Verprovisionierungsmodelle

Da summarisch lineare Verprovisionierung Einzelzielsetzungen nicht transparent macht, kann eine Differenzierung nach

- Produktgruppen,
- Kundengruppen,
- Verkaufsregionen,
- etc.

mit unterschiedlicher Verprovisionierung eingeführt werden.

Dieses System eignet sich insbesondere dort, wo ein Unternehmen die einzelnen Produktgruppen unterschiedlich verprovisionieren will, weil beispielsweise die Deckungsbeiträge sich unterschiedlich gestalten oder spezielle Produktgruppen umsatzmäßig besonders forciert werden sollen. Gleiches kann mit Großkunden und Kundengruppen erfolgen. Ebenso ist dieses System anwendbar bei unterschiedlichen Verkaufsgebieten.

Im Modell der differenzierten Verprovisionierung können natürlich die einzelnen Meßkriterien kombiniert und mit linearen, progressiven und degressiven Provisionsverläufen ausgestaltet werden. Hier ist jedoch Vorsicht geboten, denn das Entlohnungsmodell wird mit steigender Anzahl und unterschiedlichen Provisionskurven sehr schnell unübersichtlich und verliert damit den Leistungsanreiz.

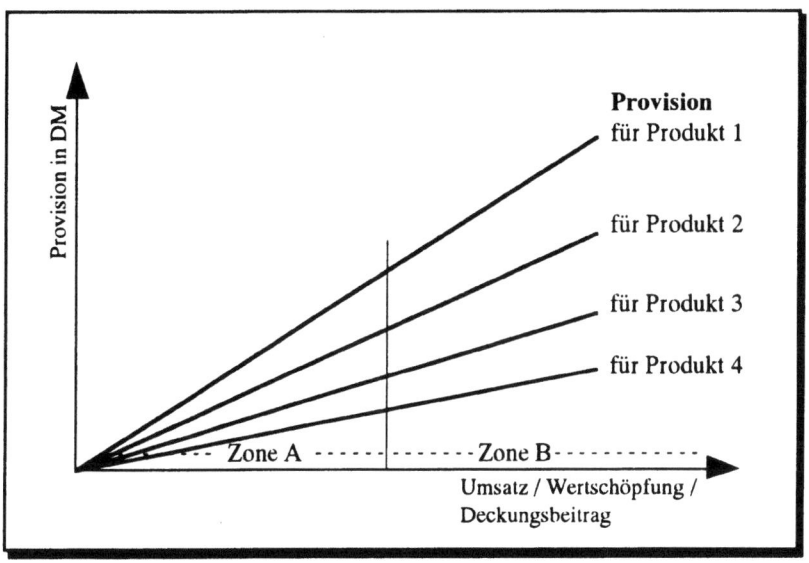

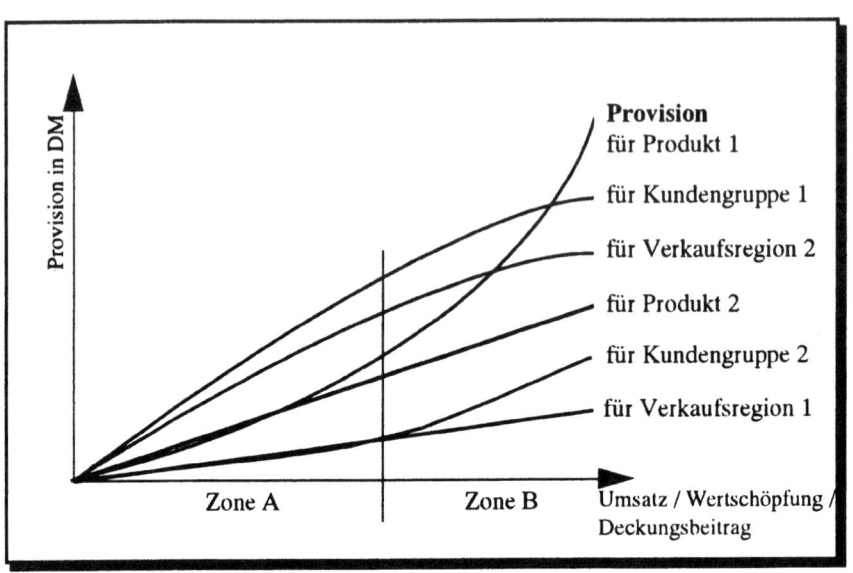

Sockel-Provisionssysteme

Die variable Entlohnung erfolgt hierbei für Leistungen, die über dem festgelegten Sockelbetrag der Bemessungskriterien pro Team, Kundengruppe und Verkaufsgebiet liegen; beispielsweise – wie im nachfolgenden Schaubild dargestellt – erst ab 91 Prozent und darüber.

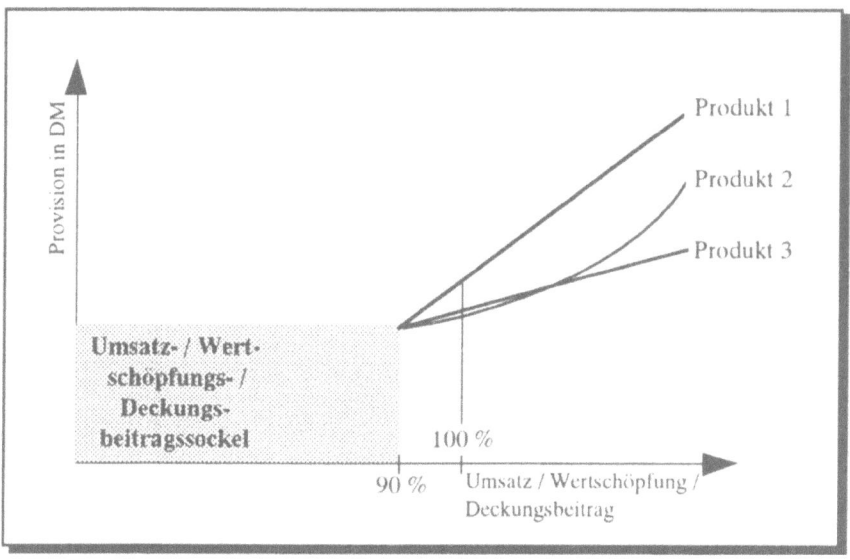

Eine Entlohnung nach diesem System erfordert die jährliche Festlegung des Sockelbetrages auf der Basis des Vorjahres bzw. der Jahresplanung. Die Festlegung des Sockelbetrages muß für alle Aussendienstmitarbeiter und Teams erfolgen. Dabei können jedoch unterschiedliche Ausschöpfungsgrade innerhalb der Verkaufsgebiete zugrunde gelegt werden. Zusätzlich können unterschiedliche Ausgangsniveaus in den einzelnen Verkaufsgebieten bzw. Kundengruppen einbezogen werden.

Die Leistung für die Erbringung des Sockelbetrages kann über das Fixum abgedeckt werden oder über die Vereinbarung einer Sockelprämie bzw. -provision. Bei der Verprovisionierung des Sockelbetrages besteht jedoch die Gefahr, daß die eigentliche variable Hauptkomponente mittelfristig außer Kraft gesetzt wird, indem sich Sockelentlohnung und Provisionssatz mehr und mehr annähern.

Dieses System der Provisionsgestaltung ist auch realisierbar für eine Differenzierung nach Produkt- und Kundengruppen. Hierbei ist für jede Produkt- bzw. Kundengruppe der Sockelbetrag und die spezifische Verprovisionierung festzuschreiben. Hierbei können Sie grundsätzlich zwischen einem linearen, progressiven und degressiven Provisionsverlauf wählen.

Prämiensysteme

Dieses Entlohnungssystem basiert auf der Budgetierung einer Prämie für ein festgelegtes Bemessungskriterium und Festlegung der Zielerreichungsgrade, nach denen die Auszahlung des erfolgsorientierten Vergütungsanteils erfolgt.

Diese Entlohnungsform geht von einer prozentualen Zielerreichungs- bzw. -überschreitungsprämie aus, die linear stufenförmig verlaufen kann. Beispielsweise wird für ein Team monatlich ab 90 Prozent Zielerreichungsgrad je darüberliegendem Prozentpunkt

40 DM an Prämie vergütet. Das 100 Prozent leistende Team erhält also 40 DM x 10 Punkte = 400 DM als Monatsprämie. Bei Überschreitung der 100-Prozent-Ziellinie wird die Prämie linear fortgeführt, das heißt, bei einem Zielerreichungsgrad von 110 Prozent erhält das Team 800 DM Monatsprämie.

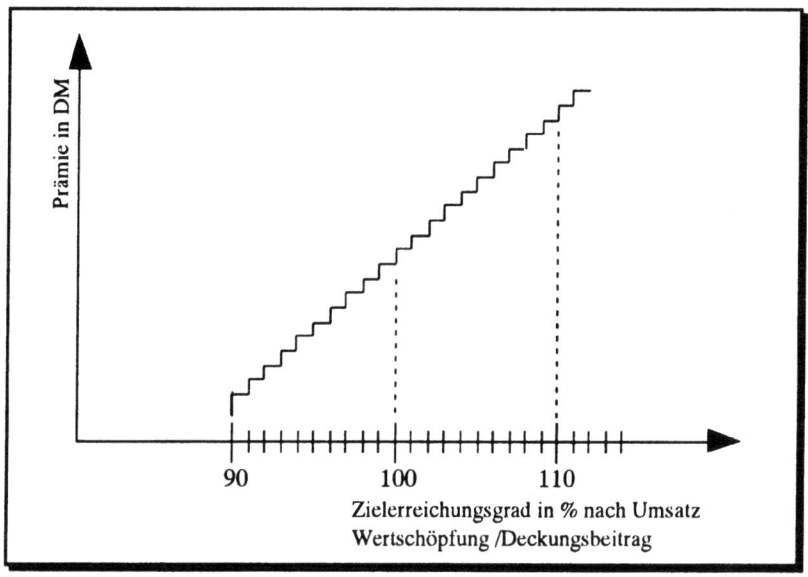

Ersatzweise zur linearen Gestaltung können auch progressive beziehungsweise degressive Prämienverläufe gewählt werden.

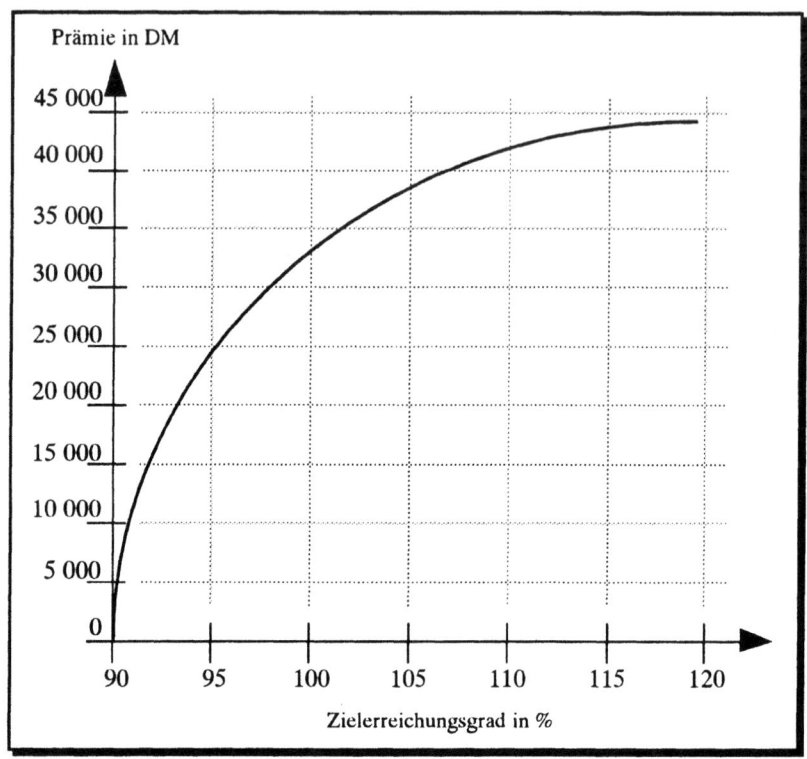

Degressiver Prämienverlauf

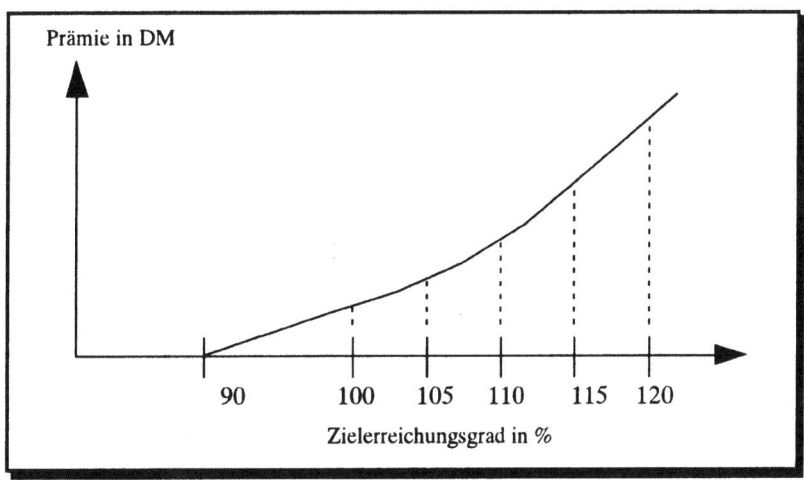

Progressiver Prämienverlauf

Bei Vereinbarung eines Zielbündels, das heißt gewichteter Bemessungskriterien sollte das Verkaufsteam bei Überschreitung eines Teilzieles für dieses den gewichteten Anteil der erfolgsorientierten Vergütung erhalten, auch wenn die Zielerreichung der übrigen Bemessungskriterien nicht erfüllt worden ist. Ansonsten besteht die Gefahr einer zu hohen Demotivation und Ablehnung des gesamten Entlohnungsmodells.

Beispiel:
Senkt ein Verkaufsteam den Fertigwarenlagerbestand um zehn Prozent, dann erhält es hierfür den entsprechenden Anteil aus der erfolgsorientierten Vergütung, während es für das nicht überschrittene Umsatzziel keine Vergütung erhält. Analog ist zu verfahren, wenn das Verkaufsteam das Umsatzziel übererfüllt, aber die Ertragsvorgabe nicht erreicht. In der Praxis können hierbei jedoch Sicherungs-

vorkehrungen getroffen werden, wie beispielsweise die Umsatzprämie nur dann auszuschütten, wenn der Gesamt-Deckungsbeitrag mindestens zu 95 Prozent erreicht wurde.

Ergänzend zu den auf Umsatz und Ertrag basierenden Prämiensystemen können Prämien für die Erfüllung spezieller Zielsetzungen festgelegt werden, wie beispielsweise die Umsatzüberschreitung bei speziell definierten Einzelkunden (Key-Account).

Key-Account	Umsatzziel in TDM	Jahresprämie in DM · bei Zielerreichung		
		100 %	110 %	120 %
1. _____	1 000	800	1 500	2 000
2. _____	900	800	1 200	1 500
3. _____	800	600	1 000	1 200
4. _____	400	600	800	1 000
5. _____	300	300	500	800

Kundeneinzelumsatzprämie

Die Entlohnung der Bemessungskriterien

– Senkung der Reklamationsquote,

– Reduzierung der Lagerkosten,

- Kundenzufriedenheit und
- Teamverantwortung

sollte über ein Prämiensystem erfolgen, da damit erfahrungsgemäß die Übersichtlichkeit und Handhabung am besten gewährleistet ist.

Beispiel:
In einem Unternehmen der Gebrauchsgüterindustrie werden drei Verkaufsteams installiert. Der Innendienst wird weiterhin über Festgehalt entlohnt; der Außendienst erhält ein Fixum und eine lineare Umsatzprovision für seinen „normalen" Arbeitseinsatz. Um die Teamleistung zu steigern, wurde für die Bemessungskriterien Umsatz, Senkung des Fertigwarenlagerbestandes und Steigerung der Teamleistung in der variablen Team-Entlohnung eine Gesamtprämie von 100 000 DM vereinbart. Bereits in der Planung wurde die Gesamtprämie nach Köpfen auf die Teams aufgeteilt. So wurde für das Team 1 die Prämie mit 20 000 DM festgelegt und für Team 2 und 3 mit 40 000 DM budgetiert. Die Ausschüttung des erwirtschafteten Prämienbetrages wird nach Anzahl der Teammitarbeiter in gleichen Teilen vorgenommen.

Kriterien	Gewichtung
Umsatzziel	50 %
Senkung Fertigwarenlagerbestand (FWL)	20 %
Leistungsbereitschaft im Team	30 %
Gesamt	**100 Punkte**

Bemessungsgrundlagen

Team	Umsatz 1996	Ziel 1997	Umsatz 1997	FWL 1996	Ziel 1997	FWL 1997
❶	12 000 000	110 %	13 200 000	1 100 000	- 20 %	880 000
❷	27 000 000	120 %	32 400 000	2 100 000	- 20 %	1 680 000
❸	35 000 000	115 %	40 200 000	2 600 000	- 20 %	2 080 000
Gesamt	**74 000 000**	**116 %**	**85 500 000**	**5 800 000**	**- 20 %**	**4 640 000**

Ausgangswerte

Ziel-erreichung	Umsatz-ziel	Umsatz-prämie	FWL-Ziel	FWL-Prämie	Team-leistungs-prämie
Stufe 1	105 %	0	- 10 %	0	0
Stufe 2	106 %	2 000	- 12 %	800	1 200
Stufe 3	107 %	4 000	- 14 %	1 600	2 400
Stufe 4	108 %	6 000	- 16 %	2 400	3 600
Stufe 5	109 %	8 000	- 19 %	3 200	4 800
Stufe 6	**110 %**	**10 000**	**- 20 %**	**4 000**	**6 000**

Modellrechnung Team ❶ bei Prämie 20 000 DM

Fall	Umsatz-ziel	Umsatz-prämie	FWL-Ziel	FWL-Prämie	Team-leistungs-prämie	Gesamt Team-prämie
1	106 %	2 000	- 19 %	3 200	2 228	7 428
2	109 %	8 000	- 9 %	0	3 428	11 428
3	107 %	4 000	- 12 %	800	2 057	6 857
4	110 %	10 000	- 14 %	1 600	4 971	16 571

Prämienbeispiel bei unterschiedlichen Zielerreichungsgraden

Ziel-erreichung	Umsatz-Ziel	Umsatz-prämie	FWL-Ziel	FWL-Prämie	Team-leistungs-prämie
Stufe 1	110 %	0	- 10 %	0	0
Stufe 2	112 %	4 000	- 12 %	1 600	2 400
Stufe 3	114 %	8 000	- 14 %	3 200	4 800
Stufe 4	116 %	12 000	- 16 %	4 800	7 200
Stufe 5	118 %	16 000	- 19 %	6 400	9 600
Stufe 6	**120 %**	**20 000**	**- 20 %**	**8 000**	**12 000**
Stufe 7	122 %	23 000	- 22 %	9 200	13 800
Stufe 8	124 %	25 000	- 24 %	10 000	15 000

Modellrechnung Team ❷ bei Prämie 40 000 DM

Fall	Umsatz-Ziel	Umsatz-prämie	FWL-Ziel	FWL-Prämie	Team-leistungs-prämie	Gesamt Team-prämie
1	114 %	8 000	- 18 %	6 400	6 171	20 571
2	118 %	16 000	- 14 %	3 200	8 229	27 429
3	120 %	20 000	- 12 %	1 600	9 257	30 857
4	118 %	16 000	- 24 %	10 000	11 143	37 143

Prämienbeispiel bei unterschiedlichen Zielerreichungsgraden

Ziel-erreichung	Umsatz-Ziel	Umsatz-prämie	FWL-Ziel	FWL-Prämie	Team-leistungs-prämie
Stufe 1	105 %	0	- 10 %	0	0
Stufe 2	107 %	4 000	- 12 %	1 600	2 400
Stufe 3	109 %	8 000	- 14 %	3 200	4 800
Stufe 4	111 %	12 000	- 16 %	4 800	7 200
Stufe 5	113 %	16 000	- 19 %	6 400	9 600
Stufe 6	**115 %**	**20 000**	**- 20 %**	**8 000**	**12 000**
Stufe 7	117 %	23 000	- 22 %	9 200	13 800
Stufe 8	119 %	25 000	- 24 %	10 000	15 000

Modellrechnung Team ❸ bei Prämie 40 000 DM

Fall	Umsatz-Ziel	Umsatz-prämie	FWL-Ziel	FWL-Prämie	Team-leistungs-prämie	Gesamt Team-prämie
1	119 %	25 000	- 14 %	3 200	12 086	40 286
2	115 %	20 000	- 8 %	0	8 571	28 571
3	109 %	8 000	- 24 %	10 000	7 714	25 714
4	111 %	12 000	- 20 %	8 000	8 571	28 571

Fallbeispiel für Modellrechnung

Kombination von Provision und Prämie

Die Vergabe von Prämien für ausgewählte und fest definierte Zielsetzungen kann in der Praxis mit einem Provisionssystem harmonisch verbunden werden, insbesondere Zielüberschreitungsprämien.

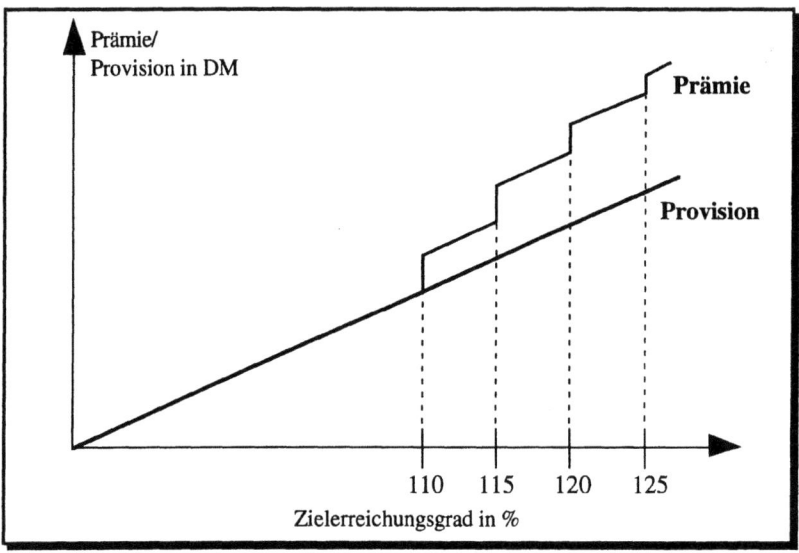

Provisions- und Prämienmodell

So kann ein Verkaufsteam in der variablen Team-Entlohnung für besondere Umsatz- und Ertragsleistungen über ein Provisionssystem zusätzlich honoriert werden, während es für andere Kriterien, wie beispielsweise Senkung der Lagerkosten, Reduzierung der Reklamationsquote, Verbesserung der Kundenzufriedenheit usw., über ein Prämiensystem entlohnt wird.

Beispiel:

Ein Unternehmen der metallverarbeitenden Industrie mit 45 Mio DM Umsatz wollte einerseits den Umsatz stark forcieren und andererseits die Reklamationskosten reduzieren. Um diese Ziele zu erreichen, wurde in der variablen Team-Entlohnung der Umsatz ab einem Zielerreichungsgrad von 80 Prozent (Vorjahresumsatz) progressiv entlohnt, während das Ziel, Senkung der Reklamationsquote, über eine Prämie honoriert wurde. Da die Ausgangssituation am Markt für die zwei Verkaufsteams relativ ähnlich war, wurden die Umsatzsteigerungsziele in den beiden Teams gleich definiert. Ebenso erhielten sie für die Senkung der Reklamationskosten die gleiche Prämie, obwohl die Ausgangssituation sich leicht unterschiedlich darstellte.

Team	Umsatz 1996	Ziel 1997	Umsatz 1997	Rekl.-kosten 1996	Ziel 1997	Rekl.-kosten 1997
❶	2 500 000	125 %	31 000 000	1 000 000	- 40 %	600 000
❷	20 000 000	125 %	25 000 000	800 000	- 40 %	500 000
Gesamt	45 000 000	125 %	56 000 000	1 800 000	- 40 %	1 100 000

Ausgangswerte

Ziel-erreichung	Umsatz-ziel	Umsatz-% Provis.	Rekl.-kost. Ziel	Rekl.kost.-Prämie[1)
Stufe 1	bis 105 %	0	- 10 %	3 000
Stufe 2	106-108 %	0,2 %	- 20 %	5 000
Stufe 3	109-112 %	0,5 %	- 25 %	10 000
Stufe 4	113-120 %	1,0 %	- 30 %	15 000
Stufe 5	121-125 %	1,5 %	- 35 %	20 000
Stufe 6	**über 126 %**	**2,0 %**	**- 40 %**	**25 000**

Modellrechnung Team ❶ und Team ❷   [1) pro Verkaufsteam

Fall	Umsatz-Ziel	Umsatz-prov.	Rekl.kost.-Ziel	Rekl.kost.-Prämie	Gesamt variable Teamentl.
1	108 %	5 400	- 35 %	20 000	25 400
2	118 %	29 500	- 30 %	15 000	44 500
3	104 %	0	- 40 %	25 000	25 000
4	123 %	46 125	- 25 %	10 000	56 125

Beispiel variable Teamentlohnung für Team ❶ bei unterschiedlicher Zielerreichung

Fall	Umsatz-Ziel	Umsatz-prov.	Rekl.kost.-Ziel	Rekl.kost.-Prämie	Gesamt variable Teamentl.
1	108 %	4 300	- 35 %	20 000	24 300
2	118 %	23 600	- 30 %	15 000	38 600
3	123 %	36 900	- 25 %	10 000	46 900
4	129 %	51 600	- 25 %	10 000	61 600

Beispiel variable Teamentlohnung für Team ❷ bei unterschiedlicher Zielerreichung

Auszahlung der variablen Team-Entlohnung

Da die variable Team-Entlohnung vom gesamten Verkaufsteam erarbeitet wird, muß der erwirtschaftete Provisions- und/oder Prämienbetrag in einem „Teamtopf" angesammelt werden und

- quartalsweise
- halbjährlich oder
- jährlich

an alle Teammitglieder im Innen- und Außendienst nach einem gleichen Verteilungsschlüssel ausgezahlt werden. Diese Lösung halte ich aus Gründen der Fairneß für die gerechteste Vorgehensweise.

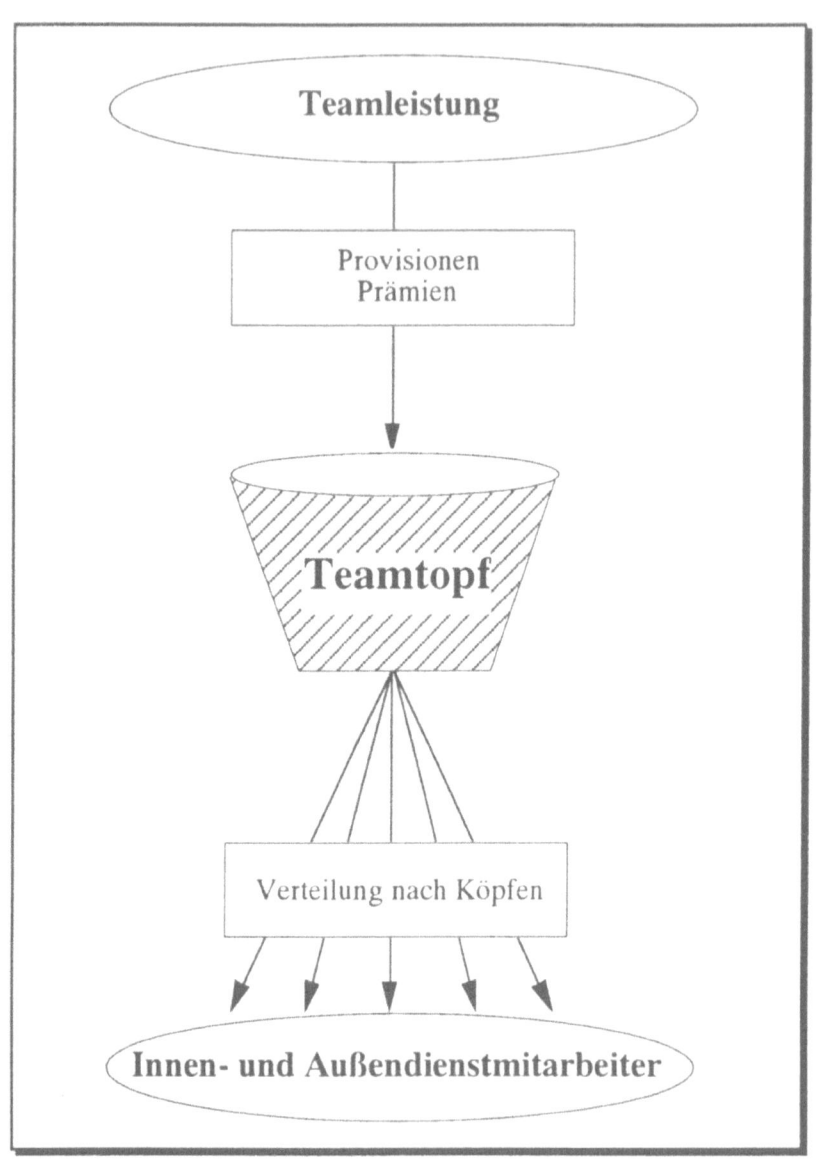

Auszahlung Team-Entlohnung

Die Verteilung der variablen Team-Entlohnung erfolgt in der Praxis teilweise auch nach dem Prinzip:

○ 50 Prozent der Team-Entlohnung wird nach Anzahl der Teammitglieder gleichmäßig verteilt.

○ Die zweiten 50 Prozent werden anteilmäßig nach der Höhe des Basiseinkommens der einzelnen Teammitglieder ausgeschüttet.

Diesen Auszahlungsmodus halte ich aus Solidaritätsgründen nicht für ideal. Sofern in der Verteilung des „Teamtopfes" individuelle Leistungen der Teammitglieder zusätzlich noch berücksichtigt werden sollen, kann dies auf anderen Wegen erreicht werden. So kann ein Außendienstmitarbeiter am „Teamtopf" nur partizipieren, wenn er zum Beispiel mindestens 100 Prozent seiner Umsatz- und/oder Ertragsziele realisiert hat. Ein Innendienstmitarbeiter erhält für seine „Teamverantwortung" und für die „Kundenzufriedenheit" nur eine Prämie, wenn er eine festgelegte Mindestpunktzahl erreicht hat. In solchen Fällen erhöht sich die variable Teamvergütung für die übrigen Teammitglieder entsprechend.

Zur Honorierung der Teamführung kann der Teamleiter ca. fünf bis maximal zehn Prozent der Gesamtprämie des Teams erhalten. Der Rest wird nach dem festgelegten Verteilungsschlüssel auf die Teammitglieder aufgeteilt. Da der Teamleiter jedoch auch selbst aktiv an der Zielerfüllung des Teams mitarbeitet, soll er – zusätzlich zur Honorierung seiner Führungsaufgabe – auch als Teammitglied an der Verteilung des „Teamtopfes" partizipieren.

Damit das Verkaufsteam kurzfristige Erfolgserlebnisse erfährt, ist es sinnvoll, die variable Team-Entlohnung unterjährig auszuzahlen. Das Problem dabei ist jedoch, daß zum Auszahlungszeitpunkt – beispielsweise am Ende eines Quartals – die jährliche Gesamtleistung, auf der das Entlohnungsmodell basiert, nicht feststeht. Daher sollten bei Quartals- und Halbjahresauszahlungen mit dem Verkaufsteam vereinbart werden, daß nur ein Teil (50 bis maximal 75 Prozent) der im Teamtopf angesammelten Zusatzentlohnung während des Jahres ausgezahlt wird und am Geschäftsjahresende die Gesamtabrechnung erstellt wird. Das geringste Risiko für das Unternehmen entsteht bei jährlicher Ausschüttung des Teamtopfes. Bei der Wahl der Auszahlungszeitpunkte ist also zwischen kurzfristiger Motivation des Verkaufsteams und dem entstehenden Risiko für das Unternehmen abzuwägen.

Resümee

Für die Neugestaltung der teamorientierten Entlohnung gibt es kein allgemeingültiges Patentrezept; jedes Unternehmen muß seine individuelle Lösung suchen und nach den betrieblichen Erfordernissen ausrichten.

In der Praxis hat sich für die variable Entlohnung eines Verkaufsteams (Innen- und Außendienst) ein zweigleisiges Verfahren bewährt. Die Basisentlohnung wird für den normalen Arbeitseinsatz gewährt. Der Innendienstmitarbeiter wird dabei in der Regel über ein Festgehalt entlohnt, während die individuelle Leistung des Aussendienstmitarbeiters über ein Fixum und Provisionssystem honoriert wird. Parallel dazu wird ein „Teamtopf" für das gesamte Verkaufsteam eingerichtet, in den alle variablen Provisionen oder Prämien, die das Verkaufsteam erwirtschaftet, fließt. Die Verteilung erfolgt an alle Teammitglieder nach einem gleichen Verteilungsschlüssel.

Immaterielle Leistungsanreize

Herausragende Leistungen müssen hervorgehoben und bekannt gemacht werden. Dies gilt sowohl für die Leistungen des einzelnen als auch für das Verkaufsteam als Ganzes.

Die finanziellen Leistungsanreize sind notwendig, um den Einsatz eines Verkaufsteams zu belohnen. Oft wird die Rolle von monetären Leistungsanreizen jedoch überschätzt. Grundsätzlich ist die Annahme falsch, daß Verkaufsmitarbeiter **nur** mit Geld motivierbar sind. Aus Untersuchungen geht eindeutig hervor, daß die materielle Entlohnung erst dann voll zum Tragen kommt, wenn auch die sozialen Bedürfnisse befriedigt werden. Daher sollten in der Team-Entlohnung materielle Belohnungselemente parallel zur Abrundung des gesamten Entlohnungssystems eingesetzt werden.

Immaterielle Leistungsanreize bauen auf der Motivationspsychologie auf. Nachdem die Grundbedürfnisse über das materielle Einkommen befriedigt sind, strebt jeder Mensch danach, seine sozialen Bedürfnisse bis hin zur Selbstverwirklichung zu realisieren. Hier setzen die immateriellen Leistungsanreize an.

Unter immateriellen Entlohnungskomponenten werden also alle Möglichkeiten subsumiert, die auf die sozialen und individuellen Bedürfnisse und Motive der Verkaufsmitarbeiter und des Teams ausgerichtet sind. Die Bandbreite reicht von der öffentlichen Belobigung, Einladung zum Essen bis hin zu originellen Incentive-Reisen.

Die nachfolgende Darstellung gibt einen Überblick über die Möglichkeiten der immateriellen Leistungsanreize. Da grundsätzlich der kreativen Ausgestaltung keine Grenzen gesetzt sind, kann es sich hierbei nur um einige Anregungen handeln.

Mögliche immaterielle Leistungen sind:

- Durchführung von Incentive-Reisen

- Mitgliedschaft in betriebseigenen Clubs

- Verleihung von Titel und Urkunden

- Vergabe von Anerkennungspräsenten

- Öffentliche Belobigung auf Feiern des Unternehmens, in Rundschreiben oder in der Hauszeitung

- Einladungen zum Essen und zu Veranstaltungen mit Lebenspartner

- Berufung zur Teilnahme an ausgewählten Tagungen und Konferenzen

- Angebot von interessanten Schulungen und Weiterbildungsmaßnahmen

- Verleihung von Sondervollmachten

- Übertragung von Sonderaufgaben, wie beispielsweise Mitarbeit in Ausschüssen und Projektgruppen sowie Führung und Betreuung von Besuchern

- Freie Arbeitsgestaltung ohne „Stempeluhr"
- Aufnahme in den Verteiler für Führungsinformationen

Sicherlich kann die Liste der immateriellen Anreize noch weitergeführt werden. Eine effiziente Team-Entlohnung sollte in jedem Unternehmen immaterielle Anreizfaktoren sowohl für die individuelle Leistung des einzelnen Verkaufsmitarbeiters als auch für das gesamte Verkaufsteam enthalten. Die Ausgestaltung richtet sich immer nach den betrieblichen Rahmenbedingungen und Zielsetzungen.

In den USA werden immaterielle Leistungsanreize als zusätzliches Motivationsinstrument mit hohem Erfolg eingesetzt. In der Bundesrepublik Deutschland gewinnt dieses Instrument in den letzten Jahren zunehmend an Bedeutung für die verarbeitende Industrie, während es in der Konsumgüterindustrie und vor allem in der Versicherungsbranche bereits erfolgreich praktiziert wird.

Die Einführung der variablen Team-Entlohnung

Der Aufbau von Verkaufsteams und die Einführung einer leistungsorientierten Team-Entlohnung ist grundsätzlich in allen Branchen und Unternehmensgrößen möglich. So kann auch ein kleines mittelständisches Unternehmen mit nur einem Verkaufsteam das Konzept der leistungsorientierten Team-Entlohnung realisieren.

Nicht die Größe des Unternehmens ist entscheidend für die Einführung eines Team-Entlohnungsmodells, sondern die Philosophie und Zielsetzung des Unternehmens. Sehr häufig werden bereits Fehler bei der Gestaltung der Teamorganisation gemacht. Mängel in diesem Bereich können mit einem Entlohnungsmodell nie aufgefangen werden. Denn die leistungsorientierte Team-Entlohnung dient immer nur als zusätzlicher Anreizfaktor. Ein schlechtes Teamklima oder eine falsche Aufgabenzuordnung im Verkaufsteam kann nicht mit Geld aufgehoben werden.

Die Einführung der leistungsorientierten Team-Entlohnung sieht grundsätzlich zuerst eine Bestandsaufnahme der gegenwärtigen IST-Situation im Verkauf vor. Dabei sind folgende Kernfragen zu beantworten:

O Wo liegen die gegenwärtigen und zukünftigen Marktchancen und -risiken?

O Wie können die zukünftigen Herausforderungen erfolgreich bewältigt werden?

o Wie ist die Wettbewerbsposition (Stärken und Schwächen) des eigenen Unternehmens zu beurteilen?

o Welche Marketingstrategien und Verkaufsziele sichern den langfristigen Erfolg des Unternehmens?

o Wie kann die Verkaufsorganisation die Ziele und Strategien verstärken?

o Sind die gegenwärtig eingesetzten Methoden und Instrumente der Kostenrechnung und EDV-Abrechnung ausreichend effizient, um eine Team-Entlohnung aufzubauen?

o Wie sieht heute die Zusammenarbeit zwischen Innen- und Außendienst aus, und was soll verbessert werden?

o Wie ist die zukünftige Teamorganisation im Verkauf zu gestalten?

Nachdem die Ausgangssituation des Unternehmens analysiert worden ist, muß das Modell der Team-Entlohnung konzipiert werden. Dieser Arbeitsschritt umfaßt die Festlegung der Ziele des Entlohnungssystems, die Bestimmung der Bemessungskriterien und den Aufbau der leistungsorientierten Team-Entlohnung mit den Komponenten der Basisentlohnung und der variablen Team-Entlohnung. Bei der Regelung der Basisentlohnung ist darauf zu achten, daß die Gehaltsstrukturen im Verkaufsteam gemäß den Aufgabengebieten angepaßt werden. Gleichzeitig muß die Bezahlung der Überstunden gewährleistet werden. Dabei besteht die Möglichkeit, die Bezahlung von Überstunden in das Team-Entlohnungsmodell zu integrieren, was über die Anpassung des Zielerreichungsgrades erfolgen kann. Grundsätzlich besteht für den Innendienst auch die Möglichkeit, die Basisentlohnung auf die reine Tarifsituation zurückzuführen, wobei Gehaltsreduzierungen über die variable Team-Entlohnung ausgeglichen werden müssen, um die Motivation und Leistungsfähigkeit der Mitarbeiter zu erhalten. Die Erarbeitung der Teamentlohnung erfordert im nächsten Schritt die Berechnung und Darstellung des alternativen Team-Entlohnungsmodelles unter Berücksichtigung der festgelegten Kriterien. Das Ergebnis dieses Arbeitsschrittes ist das Team-Entlohnungsmodell.

Der dritte Arbeitsschritt umfaßt die Einführung der Team-Entlohnung im Verkauf und die organisatorische Umsetzung und Handhabung des Systems. Wichtig dabei ist, das Entlohnungsmodell den Mitarbeitern vorzustellen und im Detail zu erklären. Gleichzeitig sind die datentechnischen Voraussetzungen zu schaffen, damit die Teammitglieder laufend über die Zielerreichungsgrade und die variable Team-Entlohnung sich informieren können. Ebenso sind die abrechnungstechnischen Voraussetzungen zu regeln.

Nachfolgend werden die einzelnen Arbeitsschritte zur Einführung einer Team-Entlohnung modellhaft dargestellt.

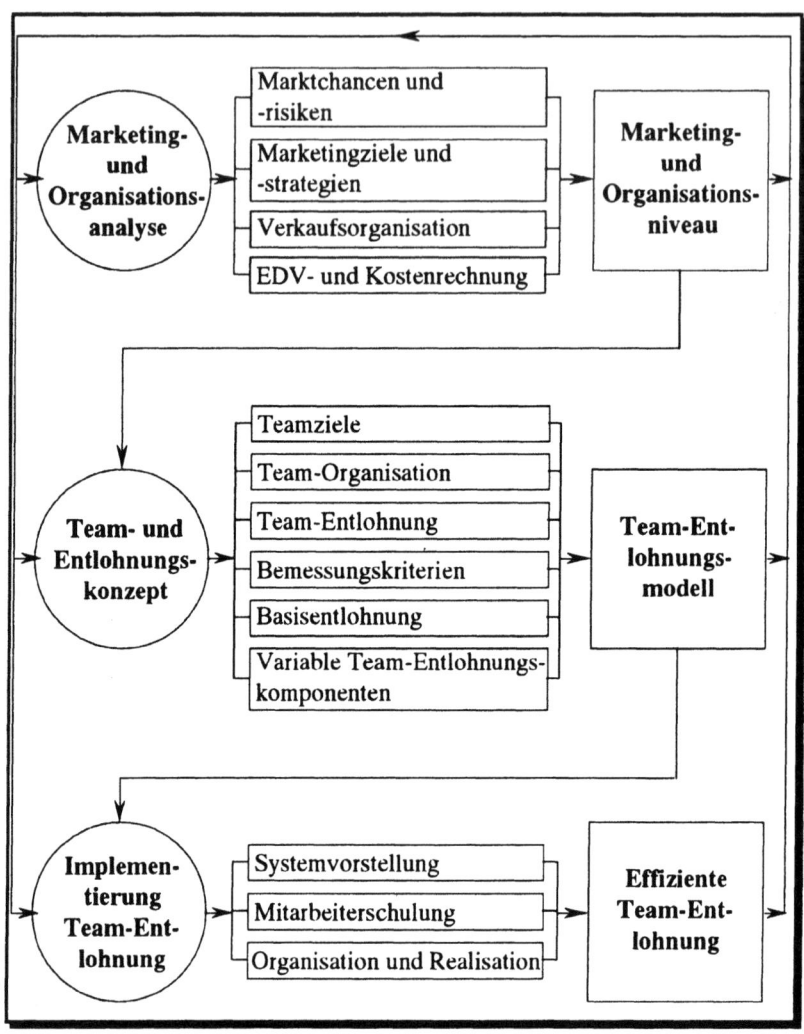

Modell Team-Entlohnung

4. Ausblick

Die Einführung von Verkaufsteams gewinnt immer stärker an Bedeutung, jedoch reichen die Erfahrungen von Unternehmen, die Verkaufsteams etabliert haben, von tiefer Enttäuschung bis zur uneingeschränkten Begeisterung. Die Ursache für schlecht funktionierende Verkaufsteams liegt in der Regel darin, daß die organisatorischen Rahmenbedingungen für die Verkaufsteams nicht optimal gestaltet sind und die Teamfähigkeit der einzelnen Verkaufsmitarbeiter nicht ausreichend geschult und entwickelt worden ist. Stimmen die Team-Rahmenbedingungen, erbringen Verkaufsteams höhere Leistungsergebnisse als Arbeitsgruppen oder Einzelkämpfer.

Mit der Gestaltung der Team-Entlohnung als echten Anreizfaktor für das gesamte Verkaufsteam experimentieren viele Unternehmen noch. Sicherlich gibt es kein allgemeingültiges Rezept für ein Team-Entlohnungsmodell, aber es gibt zwingende Notwendigkeiten, die bei der Einführung eines Team-Entlohnungsmodells zu beachten sind. Da diese vielfach zuwenig beachtet werden, darf es nicht wundern, daß effiziente Team-Entlohnungsmodelle heute noch eher die Seltenheit darstellen.

Viele Unternehmer haben auch Angst, das Thema Team-Entlohnung konsequent anzugehen, da sie einerseits nicht wissen, wie das System aufzubauen ist, und andererseits auch davor zurückschrecken, den Verkaufsteams einen zusätzlichen finanziellen Anreizfaktor zur bisherigen Entlohnung zu bieten. Eine solche Einstellung kann nicht zielführend sein. In einem Verkaufsteam kann nicht mehr der Grundsatz gelten: „Provisionen und Prämien erhält der Außendienst, während der Innendienst weiterhin nur mit Festgehalt entlohnt wird". In einem echten Verkaufsteam ist der Innendienst mitverantwortlich für den Erfolg und muß daher teilweise auch in die variable Entlohnung einbezogen und über immaterielle Anreize motiviert werden.

Der Weg zu gut funktionierenden Verkaufsteams mit einem effizienten Team-Entlohnungsmodell ist nicht einfach, aber er macht sich bezahlt, da damit Leistungsreserven im Verkauf mobilisiert werden können. Daher werden zukünftig Team-Entlohnungsmodelle als zusätzlicher Anreizfaktor für Verkaufsteams verstärkt eingesetzt werden.

Literaturverzeichnis

Bergen, Hans von — New Marketing - Die Zukunft inszenieren. Freiburg im Breisgau 1988

Berry, Leonard L. — Top Service: im Dienst am Kunden. Stuttgart 1996

Booz, Allen/ Booz, Hamilton — Gewinnen im Wettbewerb. Stuttgart 1994

Byham, William C./ Wellins, Richard S./ Wilson Jenne M. — Power Teams. Landsberg/Lech 1992

Doppler, Klaus/ Lauterburg, Christoph — Change Management. Frankfurt 1995

Dreesmann, Helmut/ Kraemer-Fieger, Sabine — Moving. Wiesbaden 1994

Droege & Comp. — Unternehmensorganisation im internationalen Vergleich. Frankfurt 1995

Fisher, K./Rayner, S./ Belgard, W. — Tips für Teams. Landsberg/Lech 1995

Freilinger, Christian/ Klis, Norbert A.	Organisation 2000. Wiesbaden 1994
Frühmorgen, Michael	Leistungsorientierte Vergütung von Außendienstmitarbeitern. München 1994
Hammer, Michael/ Champy, James	Business Reengineering. Frankfurt/ New York 1995
Hartau, Manfred/ Preißler, Pete R.	Leistungsorientierte Vergütung für den Außendienst. Edingen-Neckarshausen 1987
Hauf, Christoph V.	Erfolgreich im Team. Nördlingen 1994
Katzenbach, Jon R./ Smith, Douglas K.	Teams. Wien 1993
Koinecke, Jürgen	Effizientes Verkaufsmanagement. Landsberg/Lech 1990
Maddux, Robert B.	Team-Bildung. Wien 1993
Martus, Rainer/ Selzer, Walter	Entlohnung und Motivation im Außendienst. Landsberg/Lech 1995

Metzger, Roland/ Gründler, Hans-Christoph	Zurück auf Spitzenniveau. Frankfurt/ New York 1994
Rapp, Stan/ Collins, Thomas L.	Maxi Marketing. Hamburg 1988
Spencer, John/ Pruss, Adrian	Top Teams. Berlin 1995

Stichwortverzeichnis

A

Arbeitsgruppe 44
Arbeitsteilung 21
Aufgaben des Außendienstes 52
Aufgaben des Innendienstes 53
Aufgabenverteilung im Verkaufsteam 51
Auftragsergebnis 116

B

Basisentlohnung 76; 80; 83; 85; 88; 100; 144; 150
Belohnungssysteme 77
Bemessungsgrundlage 102ff,; 108; 112
Bewertung der Teamleistung 72

D

Deckungsbeitrag 115
Deckungsbeitragsprovision 97
Degressive Umsatzprovision 94
Degressiver Prämienverlauf 130
Differenzierte Umsatzprovision 95
Differenzierte Verprovisionierungsmodelle 124

E

Effiziente Team-Entlohnung 75; 78; 83; 148; 153f.

Einführung der variablen Team-Entlohnung 102

Einführung von Verkaufsteams 153

Entlohnungsmodelle 79; 82

Entlohnungssystem 6; 26; 76; 79; 81f.; 94; 98f.; 107; 128; 146; 150

Erfolgsfaktoren eines Verkaufsteams 68

Ertagsorientierten Team-Entlohnung 70

F

Festgehalt 69; 75; 85f.; 89; 100; 133; 145; 154

Finanziellen Leistungsanreize 146

Führungsphilosophie 69; 70

G

Ganzheitliche Kundenbearbeitung 38

I

Immaterielle Leistungsanreize 146; 148

Innovationsfreudigkeit 19

K

Kombinationsmöglichkeiten 102; 107

Kundenbindung 17; 22; 43; 80

Kundenorientierung 7; 20; 22; 27; 31; 41; 43; 104

L

Leistungsorientierte Entlohnung 69

Leistungspotential 23; 29

Leistungsziele 58

Lineare Umsatzprovision 89f.; 133

Linearen Provisionen 122

M

Marketingdenken 12

Marketingstrategie 17f.; 109; 150

marktorientierten Herausforderungen 11; 13; 16; 21; 24

Marktveränderungen 11

Meßkriterien 73; 75; 84; 97; 104; 124

Mitarbeitermotivation 21f.; 50

Motivationsfaktor 26; 70; 77; 87

O

Organisation der Verkaufsteams 55

P

Prämie 118

Prämienregelung 102

Prämiensystem 119; 128; 132f.; 138

Progressive Provision 123

Progressive Umsatzprovision 91

Progressiver Prämienverlauf 131

Provision 118
Provisionssystem 102; 138; 145
Provisionssysteme 88
Punkt-Bewertungssystem 111

S
Sockel-Provisionssystem 127
Summarisch lineare Verprovisionierung 124

T
Team-Zusammensetzung 49f.
Teamarbeit 23; 58; 62; 72
Teambildung 22; 24; 38; 44; 49; 51; 55f.; 64
Teamfähigkeit 73; 153
Teamführung 65; 143
Teamleistung 60; 61; 67; 73f.; 80; 133
Teammitglieder 14; 50; 58; 60ff.; 66; 70; 75ff.; 79; 100; 105f.; 141; 143; 145
Teamorganisation 45f.; 57; 149f.
teamorientierte Vergütungssysteme 70
teamorientiertes Vergütungsmodell 111
Teamtopf 79; 141; 143ff.
Teamverantwortung 105
Teamwork 47

U
Umsatz 112
umsatz- und ertragsorientierten Bemessungskriterien 112
Unternehmenskultur 16; 23f.

V

variable Leistungsentlohnung 76
variable Team-Entlohnung 70; 101f.; 104; 107; 141; 144
Vergütungsmodelle 122
Vergütungssystem 7; 69; 83f.; 99; 103
Verkaufsorganisation 8; 24; 38; 150
Verkaufsteams 6, 14
Vernetzte, teamorientierte Vertriebsorganisation, 14
Verteilung der Arbeit 56
Vertriebsorganisation 13; 18; 21; 30; 38; 41
Schwachstellen 42
Vertriebsstruktur 24

W

Wachstumsschwellen 6; 29; 36
Wertschöpfung 112
Wettbewerbsfähigkeit 16; 18; 23

Z

Zielprioritäten im Verkauf 109
Zielüberschreitungsprämien 138

Der Autor

Josef H. Eiterer ist Inhaber der Unternehmer-Beratung-Eiterer (UBE) in Augsburg. Nach seinem Studium der Betriebswirtschaftslehre war er über zehn Jahre in der Industrie als regionaler Verkaufsmanager, Vorstandsassistent und kaufmännischer Leiter tätig. 1984 gründete er sein Beratungsunternehmen mit den Leistungsschwerpunkten Unternehmensstrategie, Marketing und Verkauf, Organisation und Controlling.

UBE entwickelt nicht nur Konzepte, sondern setzt diese auch gemeinsam mit dem Kunden in der Praxis um.

Wenn Sie dem Autor von Ihren Erfahrungen mit diesem Buch berichten wollen oder Ihr Unternehmen durch eine Beratung noch erfolgreicher machen möchten, wenden Sie sich bitte an

Josef H. Eiterer
Unternehmer-Beratung-Eiterer
Steinerne Furt 76
86167 Augsburg

Telefon: 08 21/70 60 44
Telefax: 08 21/74 14 64

Die SALES PROFI-Bücher auf einen Blick

Nikolaus B. Enkelmann
Power der Verkaufsrhetorik
Mit Sprache, Stimme und
Persönlichkeit überzeugen
1996, 240 Seiten, 58,- DM

Günter Greff
Telefonverkauf mit Power
Kunden gewinnen, betreuen
und halten
1993, 184 Seiten, 48,- DM

Martina Junge/
Wolfgang H. C. Junge
Verkaufen mit offenen Ohren
Verhandlungserfolge durch
aktives Zuhören
1995, 144 Seiten, 29,80 DM

Kurt-U. Pakoßnick
Vernetztes Verkaufen
Effektives Beziehungsmanagement
durch System Selling
1996, 160 Seiten, 48,- DM

David A. Peoples
Selling to the Top
Wie Sie direkt an Entscheidungsträger verkaufen
1995, 188 Seiten, 58,- DM

Ludwig Rosner
Menschenkenntnis für Verkäufer
Die 42 wichtigsten Kunden-Typen
besser einschätzen, persönlicher
behandeln, individueller betreuen
1994, 156 Seiten, 38,- DM

Ute Schebitz
Das 1 x 1 erfolgreicher Verkäufer
Leitfaden für individuelle
Verkaufsgespräche
1994, 196 Seiten, 48,- DM

Carl Sewell/Paul B. Brown
Kunden fürs Leben
Die Erfolgsformel für mehr Service
und Kundenzufriedenheit
1996, 204 Seiten, 58,- DM

Kurt H. Thieme
Easy Selling
Mentale Strategien
für Top-Verkäufer
1994, 204 Seiten, 48,- DM

Kurt H. Thieme
**Das ABC des
Selbstmanagements**
Von Anti-Streß-Technik en
bis Zeitplanung
1995, 124 Seiten, 34,- DM

Brian Tracy
Das Gewinner-Prinzip
Wege zur persönlichen
Spitzenleistung
1995, 288 Seiten, 68,- DM

Stand der Angaben und Preise:
1.4.1997
Änderungen vorbehalten.

GABLER

BETRIEBSWIRTSCHAFTLICHER VERLAG DR. TH. GABLER GMBH, ABRAHAM-LINCOLN-STRASSE 46, 65189 WIESBADEN

MIX
Papier aus verantwortungsvollen Quellen
Paper from responsible sources
FSC® C105338

If you have any concerns about our products,
you can contact us on
ProductSafety@springernature.com

In case Publisher is established outside the EU,
the EU authorized representative is:
**Springer Nature Customer Service Center GmbH
Europaplatz 3, 69115 Heidelberg, Germany**

Printed by Libri Plureos GmbH
in Hamburg, Germany